山西博物院

表里山河的交响史诗

丝路物语 书系

主编 李炳武

本册主编 张慧国

西安出版社

图书在版编目（CIP）数据

表里山河的交响史诗：山西博物院 / 张慧国主编.
— 西安：西安出版社，2021.12（2024.4重印）
ISBN 978-7-5541-5755-8

Ⅰ.①表… Ⅱ.①张… Ⅲ.①博物馆–历史文物–介绍–山西 Ⅳ.①K872.25

中国版本图书馆CIP数据核字(2021)第235824号

表里山河的交响史诗
山西博物院
BIAOLI SHANHE DE JIAOXIANG SHISHI
SHANXI BOWUYUAN

主　　编：张慧国

出 版 人：屈炳耀
策划编辑：李宗保　张正原
项目统筹：张正原
责任编辑：何　岸　杨　柳
美术编辑：李　坤
责任印制：尹　苗
出版发行：西安出版社
社　　址：西安市曲江新区
　　　　　雁南五路1868号影视演艺大厦11层
电　　话：（029）85253740
邮政编码：710061

印　　刷：三河市华东印刷有限公司
开　　本：787mm×1092mm　1/16
印　　张：16.5
字　　数：168千
版　　次：2021年12月第1版
印　　次：2024年4月第3次印刷
书　　号：ISBN 978-7-5541-5755-8
定　　价：78.00元

如有印刷、装订问题，本社负责另换。

序一

阅读文物 拥抱文明

郑欣淼

文物所折射出的恒久魅力，已为越来越多的人所认识。今天呈现在读者面前的这部"丝路物语"书系，就是这一魅力的具体体现。

"让收藏在博物馆里的文物、陈列在广阔大地上的遗产、书写在古籍里的文字都活起来。"（习近平语）党的十八大以来，习近平总书记担负着实现中华民族伟大复兴的历史重任，饱含着对传统文化的深厚感情，让文物活起来始终为其所关注、所思考。让文物活起来，就是深入挖掘文物的内涵，充分发挥文物的作用。中国文物是中华民族的文明印记和精神标识，是全体中国人乃至全人类的珍贵财富；它对于激发人民群众对中华优秀传统文化的了解、认同和热爱，坚定文化自信，汇聚发展力量等作用是不言而喻的。

近年来，一些优秀的文物类书籍、综艺节目、纪录片、文化创意产品等不断涌现，文化遗产元素成为国家外交的桥梁，文物逐渐成为"网红"并受到越来越多年轻人的青睐，这些都充分彰显着"让文物活起来"已逐渐从理念转化为行动，那些在历史长河中积淀下来的文物珍存正在不断走近百姓、融入时代、面向世界。

说到文物，不能不把眼光聚焦于丝绸之路。人类社会交往的渴望推动了世界文明间的相互交融和渗透，中华文明与亚、欧、非三大洲的古代文明很早就发生接触，相互影响，相互交流。直到1877年，德国地理学家李希霍芬在他的著作《中国——我的旅行成果》里首次提出了"丝绸之路"的概念。近半个世纪以来，随着丝绸之路考古发现和学术研究的不断深入，极大地开阔了人们的视野。特别是"一带一路"倡议的全面推进，丝绸之路研究更成为国际显学。在古代文明交流史上，丝绸之路无疑是极其璀璨的一笔。它承载着千年古史，编织着四方文明。也正因为丝绸之路无与伦比的历史积淀，形成了独特的历史文化遗产，其数量之大、等级之高、类型之丰富、序列之完整、影响之深远，都是世所公认的。神秘悠远的古代城址、波澜壮阔的长城关隘烽燧遗址、精美绝伦的艺术品、气势磅礴的帝王陵墓、灿若星辰的宫观寺庙、瑰丽壮美的石窟寺……数不清道不尽的文物珍宝，足以使任何参观者流连忘返，叹为观止。2014年，"丝绸之路：长安—天山廊道的路网"成功跻身《世界文化遗产名录》，使丝绸之路迎来了新的历史机遇，也对广大文化文物工作者提出了新的要求。

"让文物说话，把历史智慧告诉人们。"这是习近平总书记的谆谆嘱托。中华文化优雅如斯，如何让文物说话，飞入寻常百姓家，是当下无数文化界人士亟待攻坚的课题，亦是他们光荣的使命。客观来讲，丝绸之路方面的论著硕果累累，但从一般读者角度，特别是从当下文化与旅游结合角度着眼的作品不多，十分需要一套全面系统地介绍丝绸之路文物故事的读物。令人欣喜的是，西安出版社组织策划了这套颇具规模的"丝路物语"书系，并由李炳武先生担任主编，弥补了这一缺憾。李炳武先生曾经长期在文物文化领域工作，也主持过"中华国宝·陕西珍贵文物集成""长安学丛书"和《陕西文物旅游博览》等大型文物类图书的编纂工作，得到了业界的充分肯定；加之丛书的作者都是有专业素养的学者，从而保证了书稿的质量。

如何驾驭丝绸之路这样一个纵贯远古到当今、横贯地中海到华夏大地的话题，对于所有编写者来说，都是具有挑战性的。这套书的优点或者说特点，可以概括为以下几个方面：

这套书最大的一个优点，就是大而全。从宏观的视野，用简明的线条，对陆上丝绸之路的博物馆、大遗址进行了全景式梳理，精心遴选主要文物，让这些国宝的历史、艺术和科学价值在字里行间一一呈现。

丝绸之路文化遗产类型丰富，作者在文中并没有局限于文物本身的解读，还根据文物的特点做了大量的知识拓展，包括服饰的流变，宗教的传播，马匹的驯化，葡萄等水果的东传，纸张的发明和不断改进，医学的发展，乐器、绘画、雕刻、建筑、织物、陶瓷等视觉艺术的交互影响，等等。其中既有交往的结果，也有战争的推动。总体而言，这些内容是讲述丝绸之路时所不可或缺的内容，使读者透过文物认识了丝绸之路丰富的文化内涵。

值得称道的是，这套书采取探索与普及相结合的方式，图文并茂，力求避免学究气的艰涩笔调，加入故事性、趣味性，使文字更具可读性，达到雅俗共赏的目的。通过图书这一载体，能够使读者静静地品味和欣赏这些文物，传达出对历史的沉思和感悟，完善自己对文物、丝绸之路和文化的认知。读过这套书后，相信读者都会开卷有益，收获多多，文物在我们眼中也将会是另一番面貌。

我们有幸正处于坚持以人民为中心的改革发展伟大时代，每一件文物，都维系着民族的精神，让文物活起来，定会深入人心、蔚为大观。此次李炳武先生请我写序，初颇踌躇，披卷读来，犹如一场旅行，神游历史时空之浩渺无垠，遐思华夏文化之博大精深。兼善天下，感物化人历来是每一个中国知识分子的精神所属，若序言能为一部作品锦上添花，得而为普及民众的文物保护意识起到促进作用，何乐而不为？

是为序。

·郑欣淼·
原中国文化部副部长、故宫博物院原院长、中华诗词学会会长、著名历史文化学者。

序二

丝路物语话沧桑

李炳武

2013年9月，中国国家主席习近平访问哈萨克斯坦时，在纳扎尔巴耶夫大学发表演讲，首次提出共同构建"丝绸之路经济带"的宏伟倡议。2014年6月，"丝绸之路：长安—天山廊道的路网"成功跻身《世界文化遗产名录》。

丝绸之路是世界上路线最长、影响最大的文化线路。丝绸之路是指起始于古代中国的政治、经济、文化中心——古都长安（今西安）连接亚洲、非洲和欧洲的古代陆上商业贸易路线。它跨越陇山山脉，穿过河西走廊，通过玉门关和阳关，抵达新疆，沿绿洲和帕米尔高原通过中亚、西亚和北非，最终抵达非洲和欧洲，向南延伸到印度次大陆。这条伟大的道路沟通了中国、印度、希腊三大文明，全长一万多千米。它是一条东方与西方之间经济、政治、文化进行交流的主要道路，促进了欧亚大陆不同国家、不同文明之间在商贸、宗教、文化以及民族等方面的交流与融合，为人类社会的共同发展和繁荣作出了卓越贡献。

公元前138年，使者张骞受汉武帝派遣从陇西出发，出使大月氏。13年中，他的足迹踏遍天山南北和中亚、西亚各地。在随后的2000多年间，无数商贾、旅人沿着张骞的足迹，穿越驼铃叮当的沙漠、炊烟袅袅的草原、飞沙走石的戈壁,来往于各国之间,带来了印度、阿拉伯、波斯和欧洲的玻璃、红酒、马匹、宗教、科技和艺术,带走了中国的丝绸、漆器、瓷器和四大发明,举世闻名的丝绸之路渐渐形成。

用"丝绸之路"来形容古代中国与西方的文明交流,最早出自德国著名地理学家李希霍芬1877年所著的《中国——我的旅行成果》一书。由于这个命名贴切写实而又富有诗意,很快得到学术界的认可,并风靡世界。

近年来,丝绸之路迎来了新的历史机遇,沿丝绸之路寻访探秘的人络绎不绝。发展丝路经济,研究丝路文明,观赏丝路文物成了新时代的社会热潮。中央文化产业发展专项资金资助项目"丝路物语"书系,便应运而生。在本书和读者见面之际,作为长安学研究者、"丝路物语"书系的主编,就该书的选题范围、研究对象、编写特色及意义赘述于下:

"丝路物语"书系,以"丝绸之路:长安—天山廊道的路网"遗产及相关博物馆为选题范围。该遗产项目的线路跨度近5000千米,沿线包括了中心城镇遗迹、商贸城市、聚落遗迹、交通遗迹、宗教遗迹和关联遗迹五类代表性遗迹以及沿途丰富的特色地理环境,共计包括三个国家的33处遗产点,其中吉尔吉斯斯坦境内3处,哈萨克斯坦境内8处,中国境内22处。该线路属丝绸之路东段的重要组成部分,在丝绸之路交通与交流体系中具有独特的起始地位和突出的代表性。它形成于公元前2世纪,兴盛于公元6至14世纪,沿用至公元16世纪,连接了东亚和中亚大陆上的中原地区、河西走廊、天山南北与七河地区四个地理区域，分布于今中华人民共和国、哈萨克斯坦共和国和吉尔吉斯斯坦共和国境内。沿线遗迹或壮观巍峨、或鬼斧神工、或华丽精美，见证了欧亚大陆在公元前2世纪至公元16世纪之间人类文明进步的重要阶段，以及在这段时间内多元文化并存的鲜明特色。

"丝路物语"书系，每册聚焦古丝绸之路上的一座博物馆、一处古遗址或一座石窟寺，力求立体全面地展示丝绸之路上的历史遗存、人文故事和风土人情。这是一套丝绸之路旅游观光的文化指南，从中可观赏到汉代桑蚕基地的鎏金铜蚕，饱览敦煌石窟飞天的婀娜多姿，聆听丝路古道上的声声驼铃。古丝绸之路是人类文明的宝贵遗产，记录着社会的沧桑巨变，这也是一部启封丝路文明的记忆之书。

"丝路物语"书系，以阐释文物为重点。文物是中华民族的精神标识。"让收藏在博物馆里的文物、陈列在广阔大地上的遗产、书写在古籍里的文字都活起来。"这对于激发人民群众对中华优秀传统文化的了解、认同和热爱，坚定文化自信，汇聚发展力量不可小觑。

文物是不可再生的国之珍宝，从中可折射出人类文明的恒久魅力。对文化的认同感与归属感应当成为一种生活状态。我们以梳理丝绸之路沿线博物馆馆藏文物、石窟寺或大遗址为契机，从文化的立场阐释文物的历史意义，每篇文章涵盖了文物信息的描述、历史背景的介绍、文物价值的分享和知识链接等板块，在聚焦视角上兼顾学术作品的思想层与通俗作品的故事层双重属性，清晰地再现文物从物质性到精神性的深层转变，着力探讨文物作为一种精神力量对历史的思考。用时空线索描绘丝绸之路的卓越风华，为读者梳理丝绸之路的文化影响，以文物揭示历史规律，彰显更深层、更本质的文化自信，激发读者的民族自豪感。"丝路物语"书系以文物为研究对象，从中甄选国宝菁华，讲述它们的前世今生。试图让读者从中感受始皇地下军团的烈烈秦风，惊叹西汉马踏匈奴的雄浑奔放，仰慕大唐《阙楼仪仗图》的盛世恢宏，这是一部积淀文化自信的启智之作。

"丝路物语"书系，以互动可读为特色。在大众传媒多元数字化的背景下，综合运用现代科技更能推动文化传播的演变进入一个崭新的领域，相契于文字的解读，更透出传统文化的深邃意蕴。为多维度营造文化解读的可能性，吸引更多公众喜欢文物、阅读文物，"丝路物语"可谓设计精良，处处体现出反复构思、创新的态度。设计重点关注视觉交流的层面，借助丰富的图像资料和多媒体技术大幅强化传统文化元素可视、可听、可观的直接特征，有效提升文化遗产多维度的观感效果。古人著书立说重字画兼备，"宣物莫大于言，存形莫善于画"，所以由"图书"一词合称。本书系选用了大量专业文物图片，整体、局部、多角度展示，让读者在阅读文字之余通过精美的图片感受文化的震撼与感动，让读者更好地认知历史、感知经典，体验当代创新之趣。

"丝路物语"书系，以弘扬互利共赢的丝路精神为使命。"丝绸之路：长安—天山廊道的路网"在东亚古老的华夏文明中心和中亚历史悠久的区域性文明中心之间建立起长距离的交通联系，在游牧与定居、东亚与中亚等文明交流中具有重要意义，并见证了古代亚欧大陆人类文明与文化发展的主要脉络及若干重要历史阶段以及突出的多元文化特征，是人类进行长距离交通、商贸、文化、宗教、技术以及民族等方面长期交流与融合的文化线路杰出范例。

2000多年前，我们的先辈筚路蓝缕，穿越草原沙漠，开辟出联通亚欧非的陆上丝绸之路。这不仅是一条通商易货之道，更是一条文化交流之路。沿着古丝绸之路，中国将丝绸、瓷器、漆器、铁器传到西方，也为中国带来了胡椒、亚麻、香料、葡萄、石榴。沿着古丝绸之路，佛教、伊斯兰教及阿拉伯的天文、历法、医药传入中国，中国的四大发明、养蚕技术也由此传向世界。更为重要的是，商品和文化交流带来了观念创新。比如，佛教源自印度，却在中国发扬光大，在东南亚得到传承。儒家文化起源于中国，却受到欧洲莱布尼茨、伏尔泰等思想家的推崇。这是交流的魅力，互鉴的成果。这些各国不同的异质文化，犹如新鲜血液注入华夏文化肌体，使脉搏跳动更为雄健有力。古丝绸之路绵亘万里，延续千年，积淀了以和平合作、开放包容、互学互鉴、互利共赢为核心的丝路精神。

新时代、新丝路、新长安。2017年，习近平主席在"'一带一路'国际合作高峰论坛"上指出：古丝绸之路是人类文明的宝贵遗产。为让这些遗产、文物鲜活起来，西安出版社策划出版的"丝路物语"书系，承载着别样的期许与厚望，旨在以丝绸之路的隽永品格对话当代社会的文化建构,以高度的文化自觉唤醒当代社会的文化自信。

我们作为丝绸之路起点长安的文化工作者,更应该饱含对传统文化的深厚感情,自觉担负起实现中华民族伟大复兴的历史重任,充分运用长安学的最新研究成果,为保护、研究和传承人类文明的宝贵遗产尽心尽力,助推"一带一路"伟大事业蓬勃发展。

精品力作是出版社的立身之本,亦是文化工作者的社会担当。"丝路物语"书系的出版,凝聚着众多写作和编辑人员的思考与汗水。借此,特别感谢郑欣淼部长的热情赐序;感谢策划人、西安出版社社长屈炳耀先生的睿智选题与热情相邀;感谢相关遗址、博物馆领导的支持和富有专业素养的学者和摄影人员的精心创作;更要感谢西安出版社副总编辑李宗保和编辑张正原认真负责、卓有成效的工作。

"丝路物语"书系的出版虽为刍荛之议、管窥之见,但西安出版社聆听时代声音、承担时代使命以及致力于激活文化遗产、传播中国声音的决心定将引领其走向更远的未来。

是为序。

· 李炳武 ·
陕西省文物局原副局长、陕西省文史馆原馆长、"长安学"创始人、陕西师范大学国际长安学研究院首任院长、三秦文化研究会会长、长安学研究中心主任、著名历史文化学者。

山西博物院
唐·菩萨立像

072　侯马铸铜遗址出土的模与范
　　解密古代青铜铸造的核心技术

080　胡傅酒樽与温酒樽
　　多民族交融的历史见证

086　雁鱼铜灯
　　取光藏烟　致巧金铜

090　宋绍祖墓石椁
　　开启仿木石椁之先河

096　童子葡萄纹鎏金银高足杯
　　『葡萄美酒』鎏金杯

100　北齐胡人舞俑
　　踏歌起舞当尽兴

108　北魏杂技俑
　　定格的惊险刺激

114　木板漆画
　　民族融合的见证

122　北魏鎏金狩猎纹银盘
　　皇家银盘在平城

204　山西侯马金代董氏墓戏曲人物俑
　　生旦净末丑　演绎百态人生

210　青花缠枝牡丹纹罐
　　青花瓷器肇兴时期的产物

214　山西琉璃
　　流光溢彩耀三晋

220　天顺青花波斯文三足炉
　　细袅轻烟炉中意

226　宝宁寺水陆画
　　丹青妙手绘万象　宝相庄严济世间

232　明代珐华器一组
　　晋地之宝　丽色珐华

242　傅山书法
　　感知一个倔强的灵魂

目录

001 开篇词

002 丁村三棱大尖状器
小石头上的大道理

006 峙峪石镞
史前猎手的秘密武器

010 彩绘龙盘
图腾文化的融合与碰撞

016 义尊与义方彝
商周青铜文化面貌转变的见证

024 晋侯鸟尊
王者之尊 涅槃新生

032 玉组佩
奢华的贵族女性装饰品

038 刖人守囿车
巧思精致背后的欢乐与残酷

044 晋公盘
孟姬的嫁妆

054 侯马盟书
深藏地下的"政治档案"

128 东魏程哲造像碑
石刻佛影耀三晋 魏碑书法传千年

134 北齐娄睿墓壁画
1500年前的惊世华彩

142 北齐娄睿墓釉陶器一组
尘封的王陵 耀世的千年窑火

148 北齐青釉印花胡人驯狮图扁壶
胡风有晋韵 青釉生酒香

152 北齐徐显秀墓出土嵌蓝宝石黄金戒指
异宝四来

158 虞弘墓汉白玉石椁
长眠中土的洋人

172 胡人吃饼骑驼俑
驼背上的美食

178 菩萨立像
盛唐气度

182 白釉人首执壶
胡瓶马上驮 美酒胡姬劝

188 北宋《开宝藏》
全世界最珍贵的末版藏经

开篇词

馆藏珍语 山西博物院

"人说山西好风光,地肥水美五谷香。左手一指太行山,右手一指是吕梁。"位于黄河中游东岸,纵跨华北大地的山西,山川秀美,气候适宜,是中华民族发祥地之一。石器时代这里燃起中国第一堆文明之火,晋国以六百年伟业为山西奠定历史文化之基石,云冈石窟记录中西文化在北魏平城的碰撞与融合,晋商票号汇通天下称雄五百余年……绵延不绝的历史文化传承,为这片土地留下无数珍贵的文化遗产。文明的宝珠,经岁月打磨后闪耀夺目光辉,被山西博物院妥帖收藏。让我们走进这座精华荟萃的博物馆,触摸五千年绵延不断的民族脉络,感受"表里山河"生生不息的魅力。

丁村三棱大尖状器

小石头上的大道理

丁村三棱大尖状器是大约10万年前汾河流域先民们使用的典型工具，平凡中透露着神秘，质朴中蕴含着精巧，体现着丁村人石器加工技术的高超和智力的发达。丁村遗址不仅填补了我国旧石器中期的文化空白，甚至串联起180万年前的西侯度石器、70万年前的匼河石器以及一万年前的吉县柿子滩石器的文化链条。

博物馆里的文物多数是粗犷质朴的陶器、庄重典雅的青铜器、大气奢华的金银器和美轮美奂的丝织品，可是还有一些更为久远的石器文物，它们看起来简单质朴，甚至是粗糙，就如同乡村公路边平凡无奇的一块石头。但实际上，它们是一个非常前沿的学科——旧石器与古人类学的重要科学标本，就是这些看似平凡的石头，却能解决"人从哪里来，到哪里去"这种国际科学前沿关注的热点问题。

在青铜器、铁器发明之前，原始人类长期使用石头制成的生产工具，这就是石器时代。根据已发现的古猿和古人类化石材料，最早的人类可能在300万年或400万年之前就已经出现。而石器时代几乎占据人类发展史

丁村三棱大尖状器

旧石器时代
长21厘米，宽10.5厘米，厚7厘米
1954年山西省襄汾县丁村遗址出土

的99.9%，这些看似普通的石头就是石器时代的主要见证者和讲述者。

这件三棱大尖状器，是大约10万年前汾河流域先民们使用的典型工具，因为在丁村遗址首次发现，被称为"丁村尖状器"。丁村遗址位于距山西南部临汾市襄汾县城4公里的汾河河畔，遗址范围南北长11千米，东西宽5千米，有介于距今20万到2万年之间的旧石器时代早、中、晚三套文化层，是一处遗址地点多、文化层位丰富的旧石器时代遗址。经过70年的考古工作，共出土石制品、动物化石标本4000余件，是中国华北地区旧石器中期时代的典型代表。

丁村三棱大尖状器选用灰色角页岩制成，整体呈三棱三面，用于挖掘植物根茎。这件看似普通的石头，平凡中透露着神秘，质朴中蕴含着精巧，体现了丁村人石器加工技术的高超和智力的发达。通过研究发现，丁村人没有选用汾河谷地中随处可见的石灰岩、砂岩，而是以角页岩作为制作石器工具的主要原料。角页岩具有细粒状变晶结构和块状构造，最容易打制成石器工具。可见在漫长的人类发展过程中，古人类对于各类石料的性质已经相当熟悉，使用恰当的石料制作合适的工具，大大提高了石器工具的成品效率。让我们遥想远古时期，丁村先民在他们常常光顾的"采石场"里选择最合适的石料，并将它们带回到自己的石器制作场，在那里有一群技艺非凡的人，精通石器加工技术。通过砸击、锤击、碰砧、投击（摔砸）等方法，将多余的石片剥离，一个一头尖一头圆的生产工具逐渐成形，一项伟大的发明也就此诞生！它的出现不仅提高了劳动效率，也推动了社会发展。

这件三棱大尖状器上留下了许多细微线索，可以还原它的制作过程，考古学家称之为"操作链"。通过肉眼我们能看到石头破裂面上有打击点、微微凸起的打击泡，还有辐射线等。如果在显微镜下观察，石片的边缘还能看到有进一步加工和使用时磨损的痕迹，甚至是加工对象的残留物。三棱大尖状器是丁村文化中最富有特色的器物，这种有目的、有设计，而且反复出现的技术特征，只有聪明的人类才能做到。

距今20万年至10万年的丁村人已经发展到了"智人"阶段。1954年，考古专家在丁村遗址发现的三颗人类的牙齿，属于一个12到13岁的小孩。其中一个臼齿，咬合部分呈椭圆状，牙齿尖沟部分是一个十字形，这是中国人才有的体质特征。1976年，在发现三颗人类牙齿化石的同一层位不远处，考古工作者又发现了一块幼儿的右顶骨化石，其骨壁要比北京猿人幼儿的顶骨薄，后缘和上缘骨缝的锯齿保存完好；颅内脑动脉沟明显。顶骨上有明显带锯的缺刻，表明有顶枕骨，这个特征进一步证明丁村人与北京猿人及蒙古人种亲缘很近，而与白种人相去较远。经体质人类学鉴定，丁村人属于早期智人，脑容量在1000到1400毫升，体貌特征和现代人已经十分接近，是介于北京猿人与现代黄种人的过渡阶段类型。

过去学界多认为：所有古人类都是来自欧洲，或者更远的非洲。但是越来越多的实物资料和体质人类学、DNA、分子学等的研究，证明中国的古人类不是从其他地区简单迁徙而来，而是本土人和迁徙的人逐渐融合后形成的。丁村人的骨骼特质证明在这一时期我国古人类已经形成了一种连贯的进化模式，而并非纯粹由其他人从外地迁徙而来。

10多万年前，山西南部气候温暖，汾河河谷宽阔，水势很大，两岸林木茂盛，松杉蔽日，岸边蒿草野菊丛生，各种动物，如鹿、大象、犀牛、野马、野驴出没于森林、草地与河边。河中河蚌和鲇鱼、青鱼、鲤鱼等水生动物甚多。丁村人就是在这样的环境中狩猎野兽、采集野果，生息繁衍。

沧海桑田，汾河水仍川流不息，远古"丁村人"仅留下了零星化石和他们生活过的丝丝痕迹。丁村遗址不仅填补了我国旧石器中期的考古空白，更是串联起180万年前的西侯度石器、70万年前的匼河石器以及1万年前的吉县柿子滩石器的文化链条。它们与山西发现的其他400余处旧石器文化遗址，携带着人类"从哪里来、到哪里去"的密码，让我们透过历史沧桑和岁月印记看到了远古人类漫长而艰辛的发展轨迹。

（姚　香）

峙峪石镞
史前猎手的秘密武器

> 此石镞是我国目前发现最早的一件石制箭头,标志着旧石器时代晚期史前先民狩猎方式的里程碑式变革。

石,质地坚硬,可以做器。

镞,又名箭头,锐而锋利。

石镞,石制的箭头,须与弓为伍。

野马出没的黑驼山下,颇有经验的猎手静静潜伏。部落发明的新武器首次登场,石器时代第一次猎杀马上开始。

弓弦释放,飞矢向前,一击便中。

这场史无前例的猎杀大约发生在2.8万年前,静静陈列于山西博物院的峙峪石镞就是这次捕猎的当事证物。

石镞

旧石器时代
长2.15厘米，宽1.37厘米，厚0.4厘米
山西省朔州市峙峪遗址出土

这枚石镞由长而薄的燧石片加工制成，根据碳14测量，距今28130±1330年。石镞顶端有锋利的尖；石镞一侧有明显加工的痕迹，另一侧则保留了石片原有的锋利；石镞底部左右两侧修整变窄，形状像短短的镞梃。在史前匠人丰富制器经验的加持下，这枚石镞自重轻、杀伤力强，是截至目前我国发现的最早的石制箭头。

该石镞之所以冠以"峙峪"之名，是因为它发现于一个叫峙峪的村庄。峙峪村位于山西省朔州市黑驼山东北麓，桑干河上游的支流峙峪河绕村而过。村庄西、北、南三面群山环抱，东面是广阔的桑干河平原。较为丰沛的水源和优渥的平原草场，使这里在数万年前就成为人类和动物共同栖息的乐园。峙峪遗址就在峙峪河与小泉沟汇流处的一个孤立的岛状沙丘中，中国科学院古脊椎动物与古人类研究所王择义、武文杰、尤玉柱等九人从1963年5月开始遗址调查并进行局部发掘，发现的遗物包括：石器、石片15000多件，人类枕骨1块，烧石、烧骨等多块，装饰品1件，各类动物牙齿5000余枚，以及大量被人工击碎的兽骨等。

遗址中发现的石制品多为尖状器、雕刻器、刮削器和石镞，是中国华北地区典型细石器工艺的代表。从丰富的细石器发现可见生活在约2.8万年前峙峪史前先民特别擅长加工并使用石器。据体质人类学，他们处于晚期智人阶段，体质特征和智力已与现代人基本相同。约1360ml的高脑容量（现代人约1400毫升）赋予峙峪先民较为丰富的想象力，他们尤其擅长制造精致的复合石器和骨、角工具，并掌握钻孔、磨制和镶嵌技术。

在峙峪遗址中，动物化石与石器、灰烬、烧骨共存，动物化石大多为单个的动物牙齿和大量被人工砸碎的动物骨骼。从发掘出土的化石看，有典型的草原动物普氏野马、野驴、普氏原羚、鹅喉羚、诺氏驼，森林草原动物马鹿，灌木草原动物如河套大角鹿、鸵鸟等，可见峙峪人生活时期，峙峪一带主要为靠近山区的辽阔的草原地带，并夹杂着灌木林。从发现的动物化石来看，峙峪人狩猎最多的动物是野马和野驴，至少有128匹普氏野马、88头蒙古野驴的化石被发现，显然这两种大型食草动物是峙峪人狩猎的主要对象。

在广阔平原和山岭中，只凭借脚力追逐奔驰的野马和野驴并非易事，为了这些美味，峙峪猎手们尝试了各种各样的狩猎工具和狩猎方法。从简单的投掷石块、挖掘陷阱到飞石索的发明和运用，用木棍做矛投掷，他们执着于提高狩猎成功率，并在一次次的制器和猎杀中慢慢累积经验。

回溯弓箭的发明史，便可洞见人类对于工具的琢磨。旧石器时代早期的箭很简单，用一根树枝截成合适长度，把一端削尖便为箭。后来人们把石片、骨或贝壳制成尖利的形状，安装在箭杆的一端，最早的复合箭出现了。《吴越春秋》记载"弓生于弹"，弹指弹弓。在甲骨文中，弹字写作 𢎨，字形像一张弓，弦中部有一小囊，用以盛放弹丸。也许，先民最初发明的只是发射小石子或泥弹丸的弹弓，之后进一步摸索，才将弹弓用于射箭，于是产生了投射距离和精准度都大大提高的组合型狩猎工具——弓箭。而在箭镞材质的选制中，猎手们经过无数次的选材、打制和使用后，发现燧石石质密而坚硬，击打破碎后会产生锋利的断口，是制作箭头的最佳选择。于考古发现而言，由于远古的箭杆多为木制，难以保存至今，所以出土实物中往往仅留下箭镞。

虽然我们无法准确得知完成这项发明的漫长过程，但弓箭出现之后的古人类遗址中，大型食草动物化石的数量明显增多，可见弓箭对于原始时代的重要性早已超过器物本身，它的发明和使用无疑引起原始社会狩猎方式的里程碑式变革。推及后世，弓箭亦成为冷兵器时代最有威慑力的武器之一。

（张瑞芳）

彩绘龙盘

图腾文化的融合与碰撞

彩绘龙盘和他所代表的陶寺文化,融合了东、西、南、北各区域的文化元素,反映了4300年前陶寺文化"协和万邦"的强大聚合力和中华文明由"满天星斗"的古国时代向多元一体、兼容并蓄的广域王权帝国时代发展的伟大进程。

古今数千年,龙与龙的精神已经渗透于中国社会的各个方面,成为一种文化凝聚的最强符号,中国人常常自称"龙的传人"。那么,有关龙的信仰,是从何时开始的呢?20世纪70年代末,一条在地下"熟睡"了4000多年的"龙"被考古学家小心翼翼地捧了出来。面对世人惊奇的眼光,它依然保持着安然祥和的样子,这就是山西省襄汾县陶寺遗址中出土的彩绘龙盘。

出土这件彩绘龙盘的陶寺遗址,位于距山西南部襄汾县城东北约7公里的陶寺村。遗址东到翼城,南至新绛,西越汾河,北达临汾,是一处距今4300年至3900年的新石器时代晚期超大型文化聚落,遗址面积超过

彩绘龙盘

新石器时代（距今约4300—3900年）
山西省襄汾县陶寺遗址出土

300万平方米。经过三代考古人40多年的努力，发掘出的陶寺遗址城市功能完备、规划明显，有宫殿区、居住区、墓葬区、祭祀区、仓储区、手工业区等，更是出土了反映王权礼制的铜器、玉器、彩绘陶器、朱书扁壶等数以千计的珍贵文物。

彩绘龙盘出土于陶寺遗址早期墓地，这片墓地规模宏大，约有4万平方米。考古工作者发掘了其中1309座墓葬，而龙盘只见于四座大型墓葬中，而且每座墓中仅有一件，由此可见，龙盘在当时只属于极少数人，应该是当时的最高统治阶层，或者说是"王"，这样龙盘就成为等级与身份地位的象征物。此外，彩绘龙盘在墓室中摆放于墓主人右侧偏上部，位置是固定的，而且数量也是固定的，这和此类大型墓中出土的鼍鼓、石磬、厨刀、大口罐等随葬品位置固定、数量组合相对固定的情况是一样的，说明这些器物是用于某种仪式与场合，即我们常说的"礼器"，而这种固定或者规制化的现象也透露出早期礼制的出现。因此，彩绘龙盘是中国早期礼制文明的代表器物之一，而龙已然成为此时最高权力的象征，

陶寺遗址1984年发掘现场

或许也是当时的图腾和这个国家的标识。

经考古专家进行比对，这四件龙盘大小基本相同。山西博物院收藏的这件彩绘龙盘高6.8厘米、口径36.6厘米、腹深6.2厘米，为灰褐色陶胎，通体磨光，盘底施红彩，红灰相间的蟠龙围绕盘底于盘内向上盘旋，栩栩如生。蟠龙鳄头、猪嘴，口中衔着一枝稻穗状的植物。在古代，盘是盛水器，盘中龙即是水中龙，具有调和风雨的力量，可以说，彩绘龙盘包含了先民们对于美好生活的纯朴愿望。

其实，中国古代的龙形象，是多种"灵兽"的组合体，这种组合形象在现实中并不存在，这正是"龙"的最大特点。由此可见，华夏先民在适应自然、改造自然的同时，自身的智力和审美也在发展，不再局限于崇拜现有的某种动物，而是能够利用自身的抽象思维去创造。

几千年前的新石器时代，华夏先民对洪荒原始生活里的饥寒、战争、灾害、疾病充满了恐惧，都盼望着能有一位神祇保佑大家。不约而同，龙的形象出现在各地，它们与陶寺龙一起组成了中国境内早期龙形崇拜的体系。

1994年，在辽宁阜新查海遗址发现一龙形象石堆，用红褐色大小均等的砾岩石块堆塑而成，全长19.7米，宽1.8至2米，距今近约8000年。发掘者认为其造型酷似一条巨大的龙，遂称之为"龙形石堆"。

河南濮阳西水坡遗址出土的用蚌壳塑成的图案中也有龙的形象，一般称之为"蚌塑龙"。该遗址属于仰韶文化，距今约6400多年，遗存中发现了三组蚌壳图案，其中均有龙的形象。第一组蚌壳图案主要是龙与虎组合；第二组蚌壳图案是龙、虎、鸟、鹿、蜘蛛等；第三组是人骑龙、虎的图案，其他蚌壳散乱难辨。可见，龙、虎是其基本组合。

还有一些玉质的龙，比如1998年在安徽含山县凌家滩遗址M16出土了一件玉质"龙"，整个器形为扁环形，龙首尾相连，其吻部突出，头顶雕刻双角，阴线刻出嘴、鼻与橄榄形眼，背部阴线刻出17条放射状的斜线，似龙身鳞片，靠近尾部对钻一圆孔，应是用于佩戴的坠饰。发掘者认为玉龙距今5500年至5300年，是目前中国最早的玉龙，是当时人们心中崇拜的神灵。

龙的出现、发展与演变是一个漫长而复杂的过程，经历不同历史阶段与时间更替，在共通的精神感召下，不断丰富完善，最终被定格在中华文明的起源区域——陶寺王国，并逐渐发展成今天我们所见的龙的形象，成为中华民族的象征。然而，无论龙的形象如何发展变化，其最初被赋予的精神内涵与品性却一以贯之，初心至今。

龙，中华民族的精神图腾，它的诞生宣告了一个民族的灵魂共鸣，它的每一次形态变化体现了一个民族的崛起与成长。龙兆吉祥，飞舞过五千年的历史星空，我们在这条龙的身上看到的是一股强劲的民族向心力，是一种不畏自然改造世界的气魄，更是中华民族生生不息、长盛不衰的文化基因。

（韩　敏）

义尊与义方彝
商周青铜文化面貌转变的见证

义尊和义方彝是目前山西所见西周时期年代最早的两件极为珍贵的青铜礼器，器物体型稳重，造型复杂，纹饰精美，庄重典雅，铸造于西周早期的武王、成王时期，是研究商周时期社会、历史、礼制和青铜器铸造技术、艺术等方面非常重要的实物证据。

    中国是世界上最早进入青铜时代的国家之一。山西地处华夏文明的核心区域，陶寺遗址的红铜制品和中条山地区的夏商时代的采矿、冶炼遗址，呈现了中国早期文明发展的重大成就。山西发现的青铜礼器展现了夏商周三代的文化发展脉络，反映了中国礼乐文明发展演变的进程。古代在举行祭祀、宴飨、朝聘、丧葬等活动时，都会使用礼器。通过材质、形态、装饰、色彩、铭文和组合方式的差异，体现人们不同的身份等级和价值取向，同时，这些礼器还具有很高的历史、艺术和科学价值。

    义尊和义方彝是山西新近发现的两件非常重要的青铜珍品。众所周知，商周青铜器铭文中常常出现"宝尊彝"三个字。尊、彝既是青铜礼器的通

义尊

西周早期（公元前11世纪）
通高34.3厘米，口径25.5厘米，底径18厘米，
腹深25.4厘米，圈足深8厘米，重7.2千克
2019年山西公安机关移交

称,又是具体一类青铜礼器的称呼,可见它们是商周礼器中最具代表的类型。考古学中,尊指侈口、鼓腹、高圈足的盛酒器。作为礼器,尊与卣或者方彝相配,用于祭祀天或山岳,流行于商代早期至西周中期。一些甲骨文和金文中,"尊"字旁边增加了"阜"字形的偏旁,表示登高、升高的意思。更多时候,"尊"的古文字或像高台上放置酒器,或双手捧酒樽,表示进献;有些金文字形还生动地表示出酒浆洒出的情形。尊是古代祭祀时使用的重要礼器,因此,"尊"字又引申出"尊重""尊敬""尊贵""令尊""尊姓"等含义。"彝"的本义是杀俘虏作为牺牲献祭祖先、神灵。《周礼》载:"六彝:鸡彝、鸟彝、黄彝、虎彝、虫彝、斝彝。""彝"后来泛指为古代宗庙祭祀最常用的器物。

义尊,整体造型为筒形三段式,自上而下饰四条钩状扉棱,敞口、方唇、鼓腹、圜底,下接圈足,圈足下为矮凸台。通体浮雕,云雷纹为底,上部饰蕉叶纹;腹部饰兽面纹;下部饰鸟夔合体纹,鸟纹为主纹,夔纹为辅纹。圈足上的兽面纹在殷墟青铜器中未见,应是进入西周以后的创新。义方彝器身为长方体,身部微鼓,颈部和圈足饰夔纹,主体纹饰为双层卷角的兽面纹;器盖为四阿形,四面主体纹饰均为大兽面纹;器身和器盖的四隅及正中均带有长钩状扉棱,是目前全国发现的唯一带提梁的方彝,被专家誉为"国之瑰宝"。

义尊和义方彝的纹饰极其精美繁缛,都饰有夸张的勾云状扉棱、合体的夔龙纹和鸟纹。最为精彩的是,器物腹部的主题纹饰为带有复杂枝蔓的

义方彝

西周早期（公元前11世纪）
高49厘米，宽29.5厘米，口长26.5厘米，口宽21.3厘米，
底长24厘米，底宽19.3厘米，重17.35千克
2019年山西公安机关移交

兽面纹，这些都是商代殷墟文化末期出现的新风气，在西周早期也极为流行。西周早期青铜器的铸造技术仍保持商文化的特征，但在纹饰艺术方面体现出西周王朝的创新和改变。商代早期以来以兽面纹为核心的装饰在西周早期这种极度夸张和异化的风格中逐渐走向终结，日后视觉效果整齐的青铜礼器悄然萌芽。

义尊和义方彝另一个特点是器身上的扉棱非常夸张。商代青铜器上的扉棱一般是微微突出于器物表面，主要是为了遮盖、联结铸造青铜器时范与范之间的缝隙，后发展成为一种独特的装饰艺术，将青铜器纹饰均匀分割开，形成视觉上的协调。反观义尊、义方彝器身上的扉棱突出器表很高，有一种刻意为之的粗犷倾向。有学者认为，这是西周初期的王朝统治者有意通过这种形式体现与商王朝的不同，也间接折射出周王朝作为胜利者内心的喜悦和张扬，这也成为判断西周早期器物的一个旁证。

义尊和义方彝上这些承前启后的特性，恰好体现了商和周之间不同文化风格、不同社会观念

义尊局部

义尊器内底部铭文

的转变。

义尊器底内部与义方彝器底及器盖的铭文基本相同。义方彝器底的铭文比其器盖铭文多出一个族氏铭文"丙",器底铸铭文"隹(唯)十又三月丁亥,珷王易(赐)义贝卅朋,用乍(作)父乙宝尊彝。丙。"铭文大意是:在西周武王某年第十三个月丁亥这一天,武王赏赐给义贝币三十朋,义用来铸造了这两件青铜器,祭祀自己的父亲乙。寥寥20余字,但其中蕴含了非常多的珍贵历史信息。

目前发现的带有"武王"铭文的青铜器屈指可数,如国家博物馆藏利簋、大盂鼎,台北故宫博物院藏作册大鼎,上海博物馆藏德方鼎等等。尤其是"武王"的写法很特殊,"武"与"王"字形成一个"珷"字,成为武王的专名。西周时期只有文王、武王这样功勋卓著的周王才享受如此高的荣誉。专家学者对于"武王"这个称谓是生称还是谥号仍存在一定的争议,也就是说带有"武王"字样的器物究竟是武王时期铸造,还是之后的成王时期铸造尚存有疑问,但无疑这两件器物是西周早期的器物。关于义的官职、身份和他曾经做过什么事情，我们已经无从查考，但能受到西周武王赏赐"贝三十朋"，这在当时是非常丰厚且少见的奖赏。据考证，这种贝壳是来源于今天印度洋一带的子安贝，是十分稀有的物品。新石器时代就已出现在中原地区，人们极为珍视这种贝壳，用它做成精美的项链、挂件等饰品和交易流通的货币。商周时期，贵族墓葬中常常出现贝币随葬，青铜铭文中常出现赏赐贝币的记录，贝在当时即为财富的象征。现如今我们的文字中，以"贝"为部首的字大多与物品的价值有关，如货、贵、贱、贾、贮、贷等。西周第二位天子周成王将他的胞弟叔虞封到古唐国时曾赏赐了贝三十朋。由此，我们推测义应该是为西周作了很大的贡献而受到嘉奖、封赏的。

铭文中有"父乙"和族徽"丙"。"父乙"这种称谓我们今天称之为"日名"，就是以甲、乙、丙、丁等天干来命名，如商王天乙、武丁、盘庚、帝辛等。日名和族徽铭文都是商人的习惯。据此可知，义应该是商人族群中丙族人的一支。丙族器物在山西灵石、河南安阳、陕西宝鸡都曾发现过，尤其是山西灵石旌介发现的三座商代晚期墓葬中出土大量带"丙"字族徽铭文的青铜器，说明丙族人先后在商周王朝的核心地区活动，也有一支丙族人在山西活动。丙族大约是自商王武丁到西周早期的康王、昭王时代，至少存在300多年。最早的丙族是殷人的王族、商王的子辈，很有可能是商王报丙的后裔，他们是与商王室关系极为密切的一族人。一个商王朝的后裔在王朝更替之际竟然受到新兴的周王朝的重赏，这不禁令人奇怪。商朝末年，商纣王昏庸无道、沉湎酒色、重刑厚敛，杀死王叔比干、囚禁兄长箕子，最终导致众叛亲离，失去民心，太师、少师都抱着乐器投奔周朝。结合历史文献和考古资料，我们有理由认为，义在西周王朝建立的过程中发挥了相当大的作用。因此，武王对义有如此厚重的赏赐，义也将此事作为家族的荣耀，铸造了尊和彝，并铭刻文字以记载受到赏赐的事情，祭告先祖、传颂于后代。

义尊和义方彝深埋地下近3000年，它们的再次出现却让我们嘘唏不已。这两件珍贵的文物曾被不法分子从古墓中盗掘，后流入文物拍卖市场，义尊曾被竞拍到5000万元人民币，经多次易手后，一度下落不明。为追回这两件被盗文物，山西公安机关历时半年缜密侦查，终于在2019年5月将义尊从香港成功追回；义方彝于2019年7月从境外成功追回，并移交给山西省文物部门。这也是我国公安机关打击文物犯罪，积极保护历史文化遗产的重要成果。

总之，义尊和义方彝这两件器物体型稳重、造型复杂、纹饰精美，庄重典雅，应是西周早期（武王、成王时期）铸造，置于庙堂的高等级礼器，是目前山西所见西周时期年代最早的珍贵青铜礼器，也是研究商周时期社会、历史、礼制和青铜器铸造技术、艺术等方面非常重要的实物资料。

（李　惠）

晋侯鸟尊

王者之尊 涅槃新生

> 晋侯鸟尊,出土于山西省曲沃县晋侯墓地114号墓,它以厚重的历史价值和卓绝的艺术之美,成为山西博物院"镇馆之宝"。

当富有的埃及盛行制作木乃伊的时候,当古老的《吠陀经》于恒河之畔编订完成,在我国陕西东部与南部、山西南部有一个西周王朝分封的小国——晋国悄然崛起,历时数百年发展,成就了雄霸中原大地长达百年的辉煌。

在山西博物院,有一件藏品代表着晋国的肇始,它就是出土于第一代晋侯墓的鸟尊。

鸟尊,现展出于山西博物院"晋国霸业"展厅。整个鸟尊以伫立回首的凤鸟为主体造型,凤鸟头微昂,圆睛凝视,高冠直立。禽体丰满,两翼上卷,鸟背依形设盖,盖钮为小鸟形,与凤鸟对望。双腿粗壮,爪尖略蜷。

晋侯鸟尊

西周（前1046—前771）
高39厘米，长30.5厘米，宽17.5厘米
山西省曲沃县晋侯墓地114号墓出土

凤尾下有一象首，象鼻内卷上扬，与凤鸟双腿形成稳定的三点支撑。凤鸟颈、腹、背装饰有羽片纹，两翼与双腿装饰云纹，翼、盖间以雷纹衬底，装饰立羽纹，尾部装饰羽翎纹。

鸟尊的器盖内侧及内腹部，均铸有相同的2行9字铭文："晋侯作向太室宝尊彝"。晋侯是制作者，"作"就是制作的意思；"向太室"就是"向"这个地方的"太室"，也就是宗庙，"向"很可能是宗庙的专用名称；"宝尊彝"就是珍贵的彝器的意思，连起来讲就是，晋侯制作了这件铜器，用以在"向"这个地方的宗庙里使用。寥寥九字，点明了器物的主人，交代了器物使用的场所，引出其用途，表明这是一件晋侯宗庙祭祀的礼器。青铜器是中国古代统治者地位尊卑和权力等级的象征，被誉为"国之重器"。《周礼·春官·司尊彝》曾记载宗庙礼器有"六尊六彝"，"鸟彝"即为其中之一。

关于鸟尊的发现，要追溯到2000年9月上旬，中秋节前夕。山西省曲沃县公安局电

晋侯鸟尊内底铭文拓片

晋侯鸟尊器盖铭文

话告知当时的曲沃县文物局局长孙永和,在案件审理中一名在押犯人交代,1998年春季曾有个盗墓团伙用炸药引爆并试图盗掘一座大型墓葬。顺着这条线索,考古工作者找到了晋侯墓地114号、113号墓。114号墓虽已被盗,但幸运的是113号墓保存完整。这就是后来确定的第一代晋侯燮父及其夫人的墓葬。

114号墓曾被盗墓者用爆破的方式破坏,致使部分器物破损严重,短期内难以修复,其中就包括鸟尊。鸟尊发现于114号墓棺椁之间,位置比较接近盗洞,出土时已经破碎成很多碎片。因田野考古条件所限,被套箱带回北大实验室做进一步清理。发掘工作结束后,北京大学文物保护专家胡东波和杨宪伟在教学工作之外历时很久才完成了鸟尊的主体修复,可惜鸟喙出现残缺,此外象鼻的中间部分有一段当时未能找到,以至于鸟尊整体无法修复复原。

2002年,上海博物馆、山西省考古研究所共同策划举办《晋国奇珍——山西晋侯墓群出土文物精品特展》,鸟尊应邀赴上海参展。为了便于展示并达到更好的展出效果,原上海博物馆青铜器修复组组长、副研究员张光敏综合当时很多专家的意见对鸟尊尾部进行了再次修复,最终鸟尊尾部的大象鼻子呈现出向内卷的造型。

2005年山西博物院建成开放之后,鸟尊作为"镇馆之宝"在山西博物院展出,鸟尊的形象,也被设计成为山西博物院院徽及系列标识。然而,鸟尊修复完成后,学术界对于象鼻子究竟应该是向内卷还是向外翻的争论并未停止。

直到近年，北大在整理从晋侯墓地114号墓盗洞底部扰土中带回的碎铜片时，意外发现了疑似鸟尊尾部的残片，为破解鸟尊尾部朝向迷局带来了新希望。北大找到的鸟尊残件基本完整地弥补了大象鼻子中间的缺损部分，曾争论不休的鸟尊尾部朝向谜题最终以向内卷的造型宣告终结，曾与盗墓者的黑手擦肩而过的鸟尊终于迎来了完美合璧。2019年，经过再次修复的鸟尊重新回到山西博物院"晋国霸业"展厅展出。

鸟尊的出土地点位于山西南部，这里古时被称为"河东"，是传说中尧、舜、禹长期活动的地方。据《左传》等文献记载，在西周以前，居于晋南地区的应是"唐人"，而尧所治理的唐国与商代晚期的唐国有关。

鸟尊的主人第一代晋侯燮父，史籍记载并不多，而他的父亲唐叔虞则颇受历史青睐。关于唐叔虞的记载，最广为人知的是司马迁在《史记·晋世家》中所记载的"桐叶封弟"的故事：

成王与叔虞戏，削桐叶为珪以与叔虞，曰："以此封若。"史佚因请择日立叔虞。成王曰："吾与之戏耳。"史佚曰："天子无戏言。言则史书之，礼成之，乐歌之。"于是遂封叔虞於唐。唐在河、汾之东，方百里，故曰唐叔虞。

如今，"桐叶封弟"的说法，早已被史学家摈弃。关于叔虞封唐，史籍中还有多种版本的记载，至今仍无定论。

叔虞受封之初，晋国只是"河、汾之东，方百里"的一个小国。晋国所在地曾是夏朝的中心区域，也是戎狄杂处之地，对戎关系是晋国早期面临的主要问题之一。周成王为唐叔虞制定了"启以夏政，疆以戎索"的治国策略，即使用夏朝的政治制度、夏历和戎狄的规则，对抗、结盟、联姻等方式并用，因地制宜、务实安邦，妥善处理这一区域内周人、土著唐人、戎狄之间的关系，实现了唐地的长治久安。而唐叔虞实施的融合不同民族文化的治国策略，对地处农耕文明和游牧文化交汇地带的山西产生了深远的历史影响。

叔虞死后，他的嫡长子燮父（又称伯燮）继位，将唐国改名为"晋"，成为第一代晋侯。今本《竹书纪年》记载："九年，唐迁于晋，作宫而美，王使人让之"，意即燮父迁都晋以后，因为建造了华丽的新宫殿，而受到周王的责备。

燮父之后的历代晋侯，励精图治，晋国国力日强。到晋国疆域最大之时，囊括了今陕西西部、山西全境、河南西部及北部、河北中南部、山东西部，横跨五省，把控了黄河的中下游地区，成为中国北方第一大国。

长期以来，由于文献记载和考古资料的缺乏，西周王室和各诸侯国的世系在史籍中众说纷纭，我们对于晋国早期历史的了解也非常少。史称"改唐为晋"的唐国在商代甲骨文中就有记载，然而关于唐叔虞始封地的确切位置，学术界自汉代起就争论不止。直到1991年，位于山西南部的曲村——天马遗址多座西周早期大墓被发现，这座晋国早期的"皇家陵园"，以上万件的精美文物为我们缓缓打开一扇了解晋国早期历史的大门。晋侯墓地曾先后被评为1992年度、1993年度"全国十大考古新发现"，2001年被评为"中国20世纪100项考古大发现"。它为确认西周时期晋国的始封地以及晋国历史研究提供了重要的实物资料。

从周初的叔虞封唐，直至秦灭掉三晋中的魏国结束，800年间晋及三晋形成了特色鲜明的晋文化。作为中国古代北方最主要的一支文化系，春秋战国时期的晋文化与楚文化分别代表了黄河流域和长江流域的两大区域文化，影响深远。从这个意义上讲，晋侯鸟尊不仅象征着800年晋及三晋历史的源头，也代表了两周时期黄河流域的灿烂文明。

（陈汾霞）

玉组佩

奢华的贵族女性装饰品

它来自三千年前的西周，和时光一起行走，它的204块碎片，被光线连接，串接成闪光的句子，在身体上被佩戴成段落，组成了一个新的世界。

最新一季的流行元素中，珍珠、宝石、玫瑰金成为时尚大咖们最钟爱的配饰材质。但无论时尚怎么变换，在中国人心中，对玉的喜好，从未改变过。我们形容女孩子长得漂亮，常说"亭亭玉立"；而形容男子长得帅气，常说"玉树临风"；形容我们内心的高洁情感，会想到"一片冰心在玉壶"。在中国，从礼仪玉到佩饰玉，甚至春秋时期孔子提出"君子比德于玉"，人们对玉的钟爱，由来已久，从未间断，并且赋予玉丰富的思想和精神内涵。

1992年，在山西曲沃县北赵村发现了震惊世界的晋侯墓地，考古工作者先后清理出19座大墓。经过研究认为，其中18座分

晋侯墓地63号墓出土的玉器

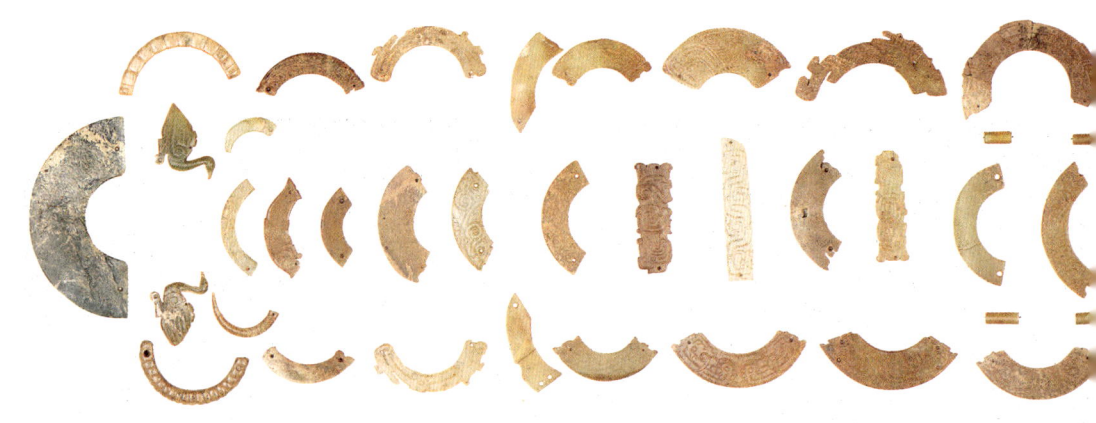

别是九代晋侯及其夫人的墓葬。还有一座最为特别,它的墓主人是第八代晋侯晋穆侯的次夫人。

而当考古工作者打开这座尘封了两千多年的墓葬时,人们惊呆了!这位夫人的随葬品多达 4280 余件,仅玉器就有 800 多件。精美的青铜器、玉器令人眼花缭乱、叹为观止。这样的陪葬阵容,让晋穆侯本人的墓葬也显得逊色了许多。

丰富的随葬品中,一套展开长度近 2 米的玉组佩最令人瞩目。整套玉组佩是由 204 块玉器组成的,红色的玛瑙、绿色的绿松石点缀其中,整体工艺精湛,组合豪华,是晋侯墓地出土最大的玉礼器组合。其实,早在先

玉组佩

西周（约前1046—前771）
山西省曲沃县北赵村晋侯墓地63号墓出土

秦时代，贵族的服饰已有"组佩"的制度，就是把玉璜、玉珩、玉环、串珠等各种玉饰配套佩戴。《诗经·郑风·有女同车》云："将翱将翔，佩玉将将。"正是描绘了一位美女出游时，身上各种佩玉相互撞击，发出悦耳声音的景象。西周时期，较大型的组佩开始出现，按时期及级别不同，组佩大小也不尽相同。

仔细观察这套玉组佩，会发现整组玉佩色彩柔和淡雅，制作对称精致，形制多种多样，每一片玉饰之上都雕刻着精美的纹饰，有龙纹、凤纹、羽纹等，并设计有穿孔，以便串联或缀合。特别是组佩下端两只振翅欲飞的玉雁以及玉雁两边的玉蚕更是雕刻得玲珑剔透，栩栩如生。这些玉饰不仅制作精美，还被人们赋予了美好的精神内涵，我们都知道蚕不仅能吐丝成茧，还能破茧而出，幻化成美丽的蝴蝶，玉蚕在这里象征着墓主人渴望获得永生的美好愿望。两只栩栩如生的玉雁，象征着忠贞不渝的爱情，死生契阔，永不相忘。在世界范围内，产玉的国家有很多，著名考古学家夏鼐先生就曾指出：中国、墨西哥、新西兰是举世闻名的三大古玉产地。墨西哥以拥有"印第安玉器"而闻名于世，新西兰的毛利人则用当地出产的碧玉雕刻人物传承文化，但没有哪一个国家像中国这样，赋予了玉如此丰富的人文情怀和精神寄托。

此时，您的心中是否产生了一个疑问：制作玉组佩的这些玉石都来自山西吗？其实，山西是不产玉的。古诗有云"春风不度玉门关"，"玉门关"这个地名，正是由于它作为中国古代玉石运输的重要通道而得来的。因此，制作组佩的这些玉石都是千里迢迢运输而来，专供贵族使用。而这条珍贵的"玉石之路"更是为后续"丝绸之路"的形成与发展奠定了坚实的基础。

那么，这位享有如此奢华随葬品的次夫人到底是谁呢？她又是如何以一个次夫人的身份入主晋侯墓地的呢？

在随葬的一对青铜器上，考古学家发现了"杨姞作羞醴壶永宝用"九字铭文，而"杨姞"这两个字，推测可能是墓主人的名字。按照当时的语言习惯分析，这可能是一位从杨国嫁到晋国的姞姓女子。这就是今天的我们所能找到的关于这位次夫人的全部资料。而联系到她所生活的西周时期，那是一个等级分化明显的时代，有着严明的宗法制度，在这样的社会里，

玉组佩细节

一切都有约束，都有礼法可循。在这样的背景下，我们幻想的那些爱恨情仇的故事不足以让这样一位女子葬入神圣的晋侯墓地，因此，我们更愿意相信这是一位对晋国有过杰出贡献的女性，她的贡献可以让她理所当然地享有如此丰厚的随葬，可以让她打破惯例埋葬在晋侯墓地。当然，这一切都还是猜测，浩瀚的史料遗忘了这样一位三晋女子，我们期待着更多的考古发现和更深入的研究让我们走近她的故事。

历史虽然远去，而每当我们看到这套奢华的玉组佩时，仿佛又回到了那个环佩叮当，行走有度的时代，体会到悠久而灿烂的中国玉文化。

（韩　敏）

刖人守囿车
巧思精致背后的欢乐与残酷

作为一件历史的见证物，人们通过它了解了古代奴隶社会的残酷；而作为一件奇巧的古代机械玩具，人们通过它又看到了中华先民的聪明才智。

在山西博物院的展厅中，陈列着许多精美的青铜器，每一件器物的背后，都蕴藏着许多意料之外的精彩故事，走近它们，就如同走近了一段段如泣如诉的历史。商周时期是我国青铜器发展的鼎盛时期，山西地区这一时期的古文化遗址、古墓葬出土文物十分丰富，其中青铜器数量众多、工艺精湛、类型复杂，令世人瞩目。山西闻喜县是西周时期晋国的故地，从20世纪70年代起，山西考古人员开始在这里发掘，出土了大量精美的随葬品。山西博物院馆藏的国家一级文物——刖人守囿车，就是出土于山西闻喜上郭村。

1989年，山西省考古研究所研究员张崇宁主持发掘了闻喜上郭村墓

刖人守囿车

春秋（前770—前476）
山西省闻喜县上郭墓地7号墓出土

葬群。共发掘两周时期墓葬36座，出土各类文物900多件，其中最引人注目的，就是这件刖人守囿车。这件青铜小车，被发现于一座土坑竖穴墓葬中，墓内一棺一椁，墓壁已坍塌，发掘时，这件青铜小车就倒扣在棺内，即使经历了两千多年的沧桑，依然完整无损，令人印象深刻。

这是一件精巧的厢式青铜六轮小车，长13.7厘米、宽11.3厘米、高9.2厘米，一个成年人的手掌就可以轻松地将它托起。然而，就是在这样一件小巧的器物上，古代的能工巧匠们采用阴线雕刻、浅浮雕、高浮雕、圆雕、透雕等多种技法，在它的周身装饰了20多个动物的形象。车厢四角是四只回首左顾右盼的熊罴，小车最上方蹲坐一只憨态可掬的小猴，小猴四周立有四只小鸟，车厢四周还刻画着凤鸟、伏虎等形象，底部有六只轮子，其中的四只小轮子分别被两只小老虎轻轻地伏于身下，构思非常巧妙。更令人惊叹的是，车身上可以活动的部位就多达15处，车厢两侧的车轮可以灵活转动，研究人员曾经做过这样一个实验，用一根头发丝的力量就可以使车轮转动起来；车门上的插销可以随意插合；顶部的小猴可以把器盖一分为二地打开；四周的小鸟，朝他们吹一口气便可以360度旋转。

如此复杂的设计，十分考验工匠的技艺。青铜器的铸造在当时是一种高端生产力技术的体现，"刖人守囿车"的铸造，需要采用分铸法把动物附件单独铸造，然后与主体铸接，合成一体。可以活动的部位都应是先分铸，然后铸接组装在一起的。尤其是四只可以灵活转动的小鸟，专家发现鸟身内部有顶针装置，还在小鸟的体内灌入铅，让重心落在下面的顶针上，

刖人守囿车局部

这样上轻下重，使得小鸟旋转起来非常灵活。再加之小车上浮雕、圆雕和透雕多种工艺综合运用，最终完成这件结构复杂、造型生动、设计合理、构思奇妙、制作精良的艺术珍品。这些都充分显示了西周晚期至春秋早期青铜铸造业的先进成就。

这么精巧的小车到底是用来做什么的呢？经过专家的反复研究，由于其精巧的造型，独特的设计，推测这可能是一件当时贵族把玩于手中的小物件，和今天的"汽车模型"有些类似。而且小车内部是中空的，小车上方的器盖也可打开，所以，它也有可能是收藏小饰品的容器。

仔细观察这件精巧的小车，在带活动插销的车门边，站着一个失去左脚，拄着拐杖的小人儿。许多学者认为，这就是文献中记载的受过刖刑的犯人。"刖刑"就是要砍掉犯人的一只脚。遥想在制造刖人守囿车的时代，奴隶制王朝的国家机器发展到顶峰，以贤臣著称的姜太公在夏商刑罚制度的基础上制定了《九刑》，内容包括刖刑、劓刑、宫刑、墨刑等，而且可以施以这些刑罚的犯罪条款就有数千条，可以说刑罚相当残酷。

那么，如果这个小人儿真是受过刖刑的犯人，在他的身边为什么会有这么多动物呢？专家们翻阅了大量资料，终于在《周礼》中找到了"刖者使守囿"的记载，"囿"是指贵族饲养各种珍禽异兽的苑囿。"刖者使守囿"的意思就是让受过刖刑的犯人替贵族看管这些享乐用的苑囿。

这么说来，小车所表现的内容正是对当时社会的真实再现，而像刖刑这样的酷刑在当时是很普遍的，比如，在齐国就流传着一个"屦贱踊贵"

的故事。有一天,齐景公问他的贤臣晏婴:"晏婴啊,你久居于闹市之中,那你可知道,如今这市面上什么东西贵,什么东西便宜?"晏婴不假思索地回答:"自然是屦贱踊贵了。""哦?此话怎讲,说来听听?""主公,自您执掌齐国以来赏罚分明,不过,或许您对老百姓的要求太过严厉,许多人稍有过失便被施以刖刑,砍去他们的脚,所以,穿鞋的人越来越少,而需要假肢的人却越来越多,自然是鞋子便宜,而假肢昂贵了。"景公听到这话很受启发,于是便下令废掉了包括刖刑在内的很多酷刑。

  通过这个故事我们可以了解到,在那个"礼不下庶人,刑不上大夫"的时代,百姓能不能逃过酷刑的摧残,往往在于统治者的一念之间。也许,我们无法想象一个人被砍掉一只脚后,用长长的后半生与动物为伴的感觉。但这件专供晋国贵族享用的玩具,却将活泼可爱的动物和孤独寂寥的人物形象塑造为一体,将欢乐的苑囿和平民百姓的悲惨生活相融。当这件小车在两千多年后重新呈现在世人面前时,它不仅见证了晋国匠师"源于生活而高于生活"的非凡构思,更让我们看到晋国高超的铸铜工艺和先进的生产力水平,正是这样强大的生产力成就了晋国在中原的百年霸业。

(韩　敏)

晋公盘
孟姬的嫁妆

春秋时期的青铜礼器——晋公盘填补了山西晋文公称霸至晋景公迁都新田这段历史的实物资料空白，对于我们了解春秋中期晋国的历史文化具有很重要的意义。它既是古代工匠技术、艺术与智慧的结晶，也反映了华夏礼仪的传承和中华文明的深厚底蕴。

中国是一个有着五千年文明史的礼仪之邦。礼在中国古代可谓无处不在，它是维护国家统治、社会稳定的一种制度体系和社会价值观。古人在举行祭祀、宴享、朝聘、丧葬等活动时，都会使用各种礼器，进行程序繁复的仪式。礼器的材质、形态、装饰、色彩、铭文和组合方式的差异，表明不同的身份等级和社会规范。在商周时期，洗手已经成为一种礼仪，称之为"沃盥之礼"。先秦时期，今天我们吃饭用于夹取食物的筷子还没有出现。虽然当时已有了象牙、青铜质地的大箸，长度40厘米左右，但主要用于从鼎等容器中夹取肉食至案、俎之上。人们吃饭除了使用匕、勺等餐具，基本上都是用手抓取，所以在进行祭祀或者宴飨之前都要进行盥洗

晋公盘

春秋时期（前770—前476）
通高11.7厘米，耳距45厘米，口径40厘米，重7000克
2018年山西公安机关移交

礼，一是表示对祖先神灵的尊重；另一方面是注重饮食卫生，避免手不干净抓食而导致病从口入。

在商周时期，盘与匜或者盉形成相对固定的组合用来盥洗，盘以盛水，匜以注水。商代甲骨文中"盥"字，像洗手于盘的样子。在《礼记·少则》中记载："进盥，少者奉盘，长者奉水，请沃盥，盥卒授巾。"也就是说：进行盥洗时，一位年长者捧着匜或盉为贵宾倒水洗手，一位年少者手捧盘在下边接住流下来的水。洗完之后，用手巾将手擦干。

这件青铜礼器——晋公盘，既是古代宗庙祭祀、宴飨中重要的礼器，又是极具艺术价值、历史价值的珍贵文物。盘整体造型为浅腹平底，腹侧有一对附耳，耳内侧有一对横梁与盘沿相连，耳饰重环纹，盘外壁装饰蟠螭纹，盘底的边缘下方设置三足；圆雕的裸体铜人双膝跪地，双臂向后，背负着盘体，将盘支撑起一定高度。最精彩的是盘内的装饰：内底中央浮雕一对相互盘绕的龙，双龙中心立有一只水鸟；双龙之外还有四只立体水鸟和四只浮雕乌龟；再向外有三只圆雕跳跃青蛙和三条游鱼；最外圈有四只蹲坐青蛙、七只浮雕游泳青蛙、四只圆雕爬行乌龟。盘内壁上浮雕四条鱼，首尾相贯。这些圆雕动物都能在原处做360度转动，鸟嘴可以启闭，乌龟头也可以伸缩。浮雕、圆雕同时运用，将立体和平面巧妙结合，丰富了视觉变化，在技艺上是一种空前的创造。这些可以平面旋转的小动物平均长度只有5—6.5厘米，并且要制作保证小动物旋转的垂直轴，在较薄的盘心内嵌铸一群动物，且能做360度的稳定转动，可见其分铸技术之成

晋公盘局部

熟、铸造浇灌铜液的技术水平之高。试想,若水缓缓流入此盘,盘中的鱼、龙、乌龟、青蛙都随机地动起来时,晋公盘立即变成一个妙趣横生的小池塘。一件盥洗的盘,一下子成了一方动静相宜的小天地,使得洗手这件事在健康卫生的功能外,平添一丝艺术的趣味。根据古代礼制和考古经验,我们判断,应该有一只匜或盉与晋公盘搭配,形成完整的"沃盥之礼"组合。可惜的是,目前我们只发现了晋公盘。

盘内壁刻铭7处,每处3行,共183字。铭文书体工整,文字精练简要,学术研究价值极高。经学者释读,铭文大意为:

在周历的某年正月初吉丁亥这天,晋公说:我的始祖唐公,接受了大命,辅佐他的父亲武王,以威严的戒令管理众多的非华夏部族,开拓疆域,到达大廷,四方部族都很崇敬(唐公)。成王命唐公建都于京师,在众多被征服的部族土地上做主宰,建立自己的国家。我的父亲献公,聪明叡哲,坚强而威武,庄重而善良,美名传世,神灵显赫的在天上,遵从天命,以修习我身,让晋国甚为安好。晋公说:我这个小子,效法先王,秉持其德,肃敬如常,安和所有诸侯国,众邦没有谁莫不日日恭顺于晋邦。我蓄养众多俊士,作为左右帮手,保卫治理王国,小心谨慎地辅佐天子,国事不管好坏,都以敬畏之心待之。广开疆土,虔诚地对待诸侯间的盟誓和祖先神灵的祭祀,诚恳地、恭敬地酬答神灵,协调理顺百官。今铸造大女儿孟姬的嫁妆,孟姬你这孩子,(嫁到楚国后)整治好你的家室,做楚国国君的嫡妃,昭显万年,藩翰晋国,世代不断地永宝此器。

这篇精彩的历史短文,记述了晋公回顾晋国开国先祖唐叔虞、自己的父亲献公的煌煌伟业,勉励自己也要像先辈一样治理好国家,最后是他对女儿孟姬嫁到楚国后的叮咛与期望。毫无疑问,这件制作精巧的青铜盘是春秋时期晋国国君嫁女时最珍贵的嫁妆之一。

自东周开始,周王朝由强转弱,王室日益衰微,大权旁落,诸侯国之间互相征伐,战争频繁。小诸侯国纷纷被吞并,强大的诸侯国在局部地区实现了统一。当时先后出现了齐桓公、晋文公、宋襄公、秦穆公、楚庄王等所谓"春秋五霸","霸"为"侯伯",即各方诸侯国之长,尊天子以令诸侯。

据考证,制作这件青铜盘的晋公极有可能就是中国历史上威名赫赫的"春秋五霸"之一的晋文公重耳。公元前636年,重耳结束了19年的流亡生活,在秦国军队的护送下回到晋国,成为国君。在诸多贤臣的辅佐下,推动了一系列重大改革——政治上,整顿吏治,大胆采用公室和异姓中有功、德、才之人;经济上,奖励垦殖,发展生产,实行比较宽松的经济政策,调动民众的生产积极性;军事上,改革兵制,扩展编制,选拔将帅,军事编制由二军扩充到三军、五军,把晋国打造成为一个名副其实的军事强国,达到晋国国力的强盛期。先平定"王子带之乱",后"城濮之战"以少胜多大败楚军,之后举行"践土会盟",尊天子以令诸侯,代天子征伐四方,奠定了晋国称霸诸侯的坚实基础。在大国林立的春秋时期,晋国的霸业一直持续到公元前482年"黄池之会",前后整整150年,晋国在

四

朕（朕）身，孔靜晉邦。公曰：余
雖（唯）今小子，敘（敢）帥井（型）先王，秉
德韶（秩）[秩]，翼（協）燮萬邦，諆（哀）[哀]莫

五

不日頓（卑）覬（恭），余咸畜胤（俊）
士，乍（作）彶（蔽）左右，保辥（乂）王國，
制（弗）其（典）靈嚴，台（以）嚴（嚴）虩若

六

否。乍（作）元女孟姬宗彝般（盤），
萬（將）廣啓邦，虔墾（恭）盟（盟）祀，卲（昭）
會（答）皇卿，舍（協）剄（順）百嵩（職）。雖（唯）

七

今小子，誓（敕）辥（乂）爾家，宗婦
楚邦，烏（於）屖（昭）萬年，晉邦佳（唯）
輔（翰），永康（康）寶。

晋公盘释文

一

隹（唯）王正月初吉丁亥，晋公曰：我皇且（祖）䍙（唐）公雁（膺）受大命，左右武王，殷（戡）畏（威）百䜌（蛮），

二

廣闢三（四）方，至于不（丕）廷，莫[不]秉燿（敬）。王命䍙（唐）公，建宅京㠯（师），君百㡀（作）邦。我剌（烈）

三

考宪公，克□亢獸，䠱武鲁宿，霝（令）名不□，虢武[上]，赫赫才（在）上，嚴（严）襛（寅）䘙（恭）天命，台（以）𩈬（乂）

铭文拓片及释读

当时以及之后的很长时间都发挥了非常重要的作用。晋文化、三晋文化的影响力在两周时期的800余年间是极其强大的，为中华文明的发展进步做出了巨大贡献。直至今日，"齐桓、晋文"仍是春秋五霸的代名词。

重耳的女儿孟姬远嫁的楚国，是在春秋时期的长江流域逐渐崛起的诸侯国，它不断兼并周边各小诸侯国，国土面积、军事力量、政治影响力日益突出，并开始逐步向北方扩展。楚庄王"问鼎中原"，曾一度对周王朝和中原地区的诸侯国产生极大威胁。晋国是当时唯一能够与之抗衡的中原霸主。除了武力对抗，联姻是当时诸侯国之间很常见的政治外交手段。晋文公将女儿嫁到楚国，是为了缓和两国之间的紧张关系，一是晋文公流亡楚国时曾受到楚王礼待；二是晋楚之间战争时有发生，晋国忌惮楚国实力。采取联姻的怀柔政策对晋国霸业的持续、中原稳定以及南北文化交流都有积极作用，从晋公盘铭文中，就可见一斑。制作如此精美的青铜礼器，在当时，甚至是2500多年后的今天，也是难得一见的青铜艺术珍品。也许当孟姬在使用这件盘进行沃盟之时，不禁想到的是父亲的谆谆教诲、叮咛嘱咐，这充满生机意趣的盘内天地也多少慰藉了她的思乡之苦。由此可见晋文公对女儿的爱，同时也透露出晋国对楚国这个强大的政治对手的重视和暗含其中的文化策略。对于远处长江以南的楚国来说，孟姬的嫁妆代表着他们仰慕已久的最高等级的"赫赫宗周"的典雅，是底蕴深厚的中原文化的产物。通过晋公盘，我们看到的是一位伟大的政治家、一个家族荣光的继承者、一位对女儿饱含浓浓爱意的父亲。

山西目前考古发现的晋国早期、晚期的历史文化遗存相对比较丰富，但晋国中期，尤其是晋文公称霸至晋景公迁都新田这段历史仍是空白，实物资料很少，晋公盘的出现对于我们了解、认识春秋中期晋国的历史文化具有非常重要的意义。2500年后的今天，这件既具有实用价值，又表现出极高艺术价值的青铜器依然保存近乎完整，反映了华夏五千年礼仪的传承，同时也闪耀着中华文明的深厚底蕴和古代工匠的技术、艺术与智慧的光芒，堪称国宝级文物！

（李　惠）

侯马盟书

深藏地下的『政治档案』

> 侯马盟书，是春秋战国时期晋国卿大夫举行盟誓活动的盟约文书，对研究古代盟誓制度、晋国历史及古文字意义重大。

叔虞封唐之后，晋国 600 余年的历史上，曾数次迁都。公元前 585 年，为了适应新的形势、寻求更广阔的发展空间，晋景公将都城迁到了新田（今山西侯马），这也是晋国历史上的最后一个都城。晋国名臣韩厥向晋景公建议迁都时说："新田，土厚水深，居之不疾，有汾浍以流其恶，且民从教，十世之利也……"（见《左传·成公六年》）

此时的晋国，已经不是当初"河汾之东方百里"的小国，而是通过不断地兼并和扩张发展成了雄踞黄河中游的头号强国。而新田时期处于晋国盛极而衰的阶段。新田伊始，晋国尚能维持晋文公开创的霸业。到了新田后期，晋国国内政局迅速分化，至公元前 453 年，韩、赵、魏三家分晋，

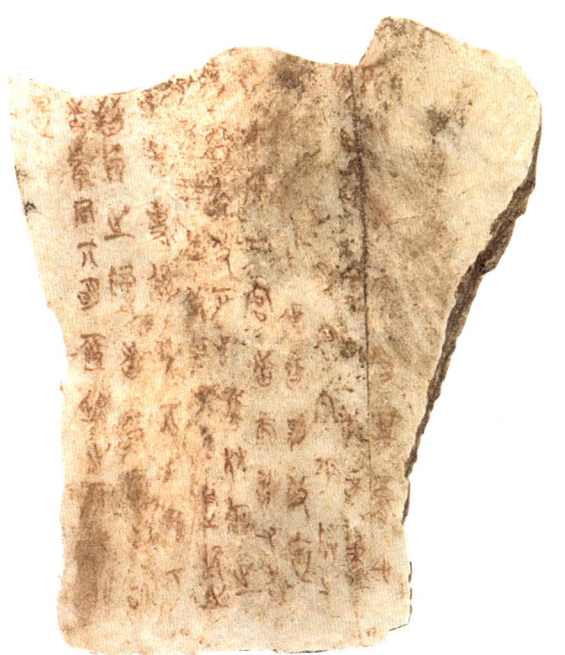

侯马盟书

春秋(前770—前476)
①直径4.7—5厘米；②纵8.5厘米，横7.4厘米
山西省侯马市晋国遗址出土

"天下莫强"的晋国退出历史舞台。

我们熟知的老子、孔子、鲁班等历史人物均活跃于新田时期。"吕相绝秦""鄢陵之战""黄池之会"等历史事件皆发生于这一时期。"悼公复霸""水淹晋阳""三家分晋"等故事也发生在新田时期的晋国。

20世纪50年代以来，在山西侯马陆续发现了春秋中期到战国早期的城址、宗庙、墓葬、祭祀及手工业作坊等遗址，初步勾勒出晋国晚期都城的繁华面貌，让我们有机会更多了解晋国晚期的都城。著名的侯马盟书就是其中最重大的发现。

1965年12月中旬，山西侯马电厂考古工地，在一个竖坑中发现了一片片形状各异的玉石片。它们与一些动物骨骼混合在一起，分散埋藏在许多坑坎里，上面带着若隐若现的文字。这就是日后震惊世界的重大考古发现——侯马盟书。

听到这一消息后，时任山西省文工会副主任的张颔赶到侯马对出土的60件玉片文字做了初步的考释，并于次年3月发表了一篇名为《侯马东周遗址发现晋国朱书文字》的简报。郭沫若、陈梦家等均就此发表了研究文章。

然而，考古发掘还没有结束，"文革"开始了，侯马出土的盟书标本尚未来得及整理，便封存入库。1973年，在时任文化部文物局局长王冶秋支持下，成立了由陶正刚、张颔、张守中三人组成的"侯马盟书"整理小组，整理研究工作才重新展开，于1976年12月出版了《侯马盟书》考古报告，引起海内外学术界高度关注。

据研究，侯马盟书的时代，应为春秋晚期，不晚于战国早期。当时，周王室势力衰微，各诸侯国之间的斗争日益激烈，与此同时，各国内部的权力斗争也非常激烈。晋国政坛上出现了韩、赵、魏、范、智、中行六大权卿，史称"六卿专权"。在此历史背景下，贵族为了寻求内部团结、打击敌对势力，经常举行宣誓一类的盟会活动，称为"盟誓"。《左传》中记载的盟誓活动有近200次，其中与晋国有关的超过50次。

"国之大事，在祀与戎"，作为当时社会政治生活中最重要内容，举行结盟仪式时，先要割下牛、羊、猪、马等牺牲的左耳，用盘子盛起，取血盛在器皿中，参加结盟的人依次喝一些牲血，称为"歃(shà)血"，意为天地神明监督。记载活动情况和盟誓内容的文书称为"载书"或"盟书"，一般一式两份，大多是用毛笔蘸着朱砂，在玉石片上书写而成。一份由主盟人藏于专门的官方机构，另一份则埋入地下或沉到水中。无疑，发现的侯马盟书是当年埋入地下的那一份。

侯马盟誓遗址共发现祭祀坑401个，其中42个坑内埋有盟书，共出土了1000多件这样的盟书，其中可以辨识的盟书656件。盟书形状多为圭形，有少数圆形、不规则形状，辞文多以毛笔写于玉石片上，字体为小篆，多数为朱红色，少数黑墨色。盟辞最少的仅10余字，最多的220余字，一般在30—100余字之间，字体接近春秋晚期的铜器铭文，内容可分为主盟人誓辞、宗盟类、委质类、纳室类和诅咒类等。坑底大多有一具牲骨，如羊、牛、马等，还发现有璧、璜、瑗、玦等玉器。

侯马盟书出土照片

侯马盟书的年代主要集中在公元前490年到公元前458年间。经过多年研究，对于侯马盟书的主盟人的观点有以下三种：一是赵桓子赵嘉，二是赵简子赵鞅，三是主盟人不止一人。侯马盟书反映的历史背景是晋国晚期六卿之一的赵氏与范氏、中行氏之间的斗争，这场斗争的最终结果是晋国从"六卿专权"发展为"四卿并重"，赵氏在斗争中得到了锻炼，强大到可以与智氏相抗衡的程度，从而为后来的三家分晋奠定了基础。这场斗争不仅把晋公牵涉进来，还扩大到列国间，地域波及山西、河北、河南等地。20世纪80年代，在河南的温县发现的温县盟书也反映了晋国内乱的历史背景。

侯马盟书是继河南安阳殷墟甲骨文、商周铜器铭文、战国至汉代竹简以来中国早期文字的重大发现，是首次见到出土的可以与文献对照的盟誓资料，让我们看到了当时晋国人用毛笔书写的文字，是研究春秋晚期晋国历史的第一手材料，具有政治档案的性质。它印证和补充了有关文献记载，对于探索东周时期的政治形势、社会历史、古代文字、书法艺术以及了解当时的盟誓制度等都具有非常重要的意义和价值。1995年10月，被评为"新中国成立以来全国十大考古发现之一"。

侯马盟书是我国目前所发现古代文字中用毛笔书写而篇章完整的古人手书真迹，书法熟练，文字秀丽，为古文字的研究提供了宝贵的实物。侯马盟书出土以后，张颔、郭沫若、陈梦家、唐兰等都对盟书研究有独到的见解。时至今日，它仍有很多未解之谜，吸引着学者们去努力探索。

（陈汾霞）

赵卿墓出土精品一组

稀世珍宝 精美绝伦

> 赵卿墓出土的器物品类齐全，形式多样，纹样新颖，加工精细，是设计上不时流露神来之笔的器物，可谓跨越时间囿限的艺术珍品。

晋国是西周初期由周王室分封的一个诸侯国。西周末年就在晋国政治舞台上活跃的赵氏家族，位居晋卿多年，到春秋晚期，晋国公室衰微，六卿专权，赵氏与韩、魏二氏鼎足而三，掌控晋国的政权。

赵氏辉煌而又历经磨难的家族史极富传奇色彩。赵氏早期食邑的晋阳，在赵简子时成为军事基地和政治本营。《史记·赵世家》云："赵名晋卿，实专晋权，奉邑侔于诸侯"。赵简子的先祖，是跟随晋文公重耳逃亡19年的赵衰，赵衰在重耳重返晋国的过程中以及后来晋文公的称霸战争中都起到了不可替代的作用，赵氏一族由此盛极一时。赵衰死后，受奸臣迫害，赵氏几遭灭门之祸，只有唯一的遗腹子"赵氏孤儿"赵武幸免于难。赵武

赵卿鸟尊

春秋（前770—前476）
通高25.3厘米，长33厘米
山西省太原市金胜村赵卿墓出土

后来出任晋国正卿，使赵氏家族再次兴盛起来。赵简子就是赵武的孙子，此后，赵氏一族势力不断延伸，仅赵简子一人执掌晋国的军权就长达20年。

1987年始，位于太原市金胜村的第一热电厂扩建，考古队配合基建进行勘探工作时，发现一批古墓。其中1988年发掘的一椁三棺的大型积石积炭墓，据研究考证，墓主应是春秋晚期晋国执政正卿赵简子（赵鞅）。有16辆车和46匹马的陪葬车马坑，墓葬未经盗掘，随葬器物3421件，其中青铜器达1402件，玉石器669件，金器11件，各种器物应有尽有。墓葬规格之高，规模之大，随葬品之丰富，资料之完整，堪称东周晋国墓葬之最。

赵卿墓随葬的青铜器不仅数量多，种类全，礼器、乐器、兵器、车马器、工具和生活用具皆有，而且颇多精品。如赵卿鸟尊和虎形灶都是国宝级的稀世珍品。

赵卿鸟尊，形如昂首挺立的鸷鸟，形体肥硕，双目圆睁，颈细长，钩喙。腹腔中空，与颈、喙相通，锋锐的钩喙为自由开合的流口，倾倒酒液时自动开启，复位时闭合，设计巧妙。鸟背设盖，上有虎形提梁，盖以链条与提梁相连。鸟双腿直立，足间有蹼，为了使器体平衡稳固，在鸟尾下设一虎形支脚，小虎前腿支地，后腿向上蹬，形成三点支承器体。通体浮雕羽翼，羽纹华丽清晰，富有层次感。属晋国晚期青铜杰作。

虎形灶，一组7件，由灶体、釜、甑以及四节烟筒组成。接起后高达162厘米，可以拆卸和组装，便于行军作战或游猎使用。灶体呈虎头状，

虎形灶

春秋（前770—前476）
通高162厘米，灶体高22厘米，长46厘米，宽38厘米
山西省太原市金胜村赵卿墓出土

双目圆睁,两侧有用于提携的提链,灶门似大张的虎口,顶部有圆形灶眼,灶眼内置釜,釜上套甑,灶眼后有圆形的烟筒,为虎尾。灶体内有小凸齿用于挂泥。炉膛涂泥,既可保持温度,又可节省柴薪,也能保证炉膛的热量集中。釜饰牛头双身螭纹带。甑饰夔龙纹带。烟筒为子母口,可上下套接。该形制的灶具为国内首次发现。

赵卿墓出土的青铜礼器有鼎、豆、壶、鉴、鬲、尊、盘、舟、甗、匜等。青铜鼎共27件,其中的镬鼎,是迄今所见春秋时期最大的单体青铜鼎。鼎是古代炖煮食物的生活用器,随着青铜冶炼技术的发展,铜鼎从日用炊器演变为祭祀礼器,被赋予权力色彩。据《周礼》,镬鼎用以煮牲,依形制大小分为牛镬、羊镬和豕镬,此鼎当为牛镬。

作为墓主人身份标志的升鼎共出土3套18件,每套形制花纹相同,大小相次成列,包括铺首环耳螭纹升鼎1套5件,铺首牛头螭纹升鼎1套6件,附耳牛头螭纹升鼎1套7件。升鼎是在祭祀中盛放祭品用的,又称"正鼎"。按周代礼制,代表身份等级的用鼎制度以升鼎为中心。赵卿墓出土三套升鼎,根据所盛牲骨的鉴定,应属牛、羊、豕"三牲"齐全的"太牢"或"大牢",按规定只有天子或诸侯才能使用。

另外还有立耳圆口的羞鼎1套5件。据《周礼》对"羞"的记载和注解,羞是滋味鲜美的调味羹,《周礼·天官·庖人》郑注:"备品物曰荐,致滋味乃为羞"。又《周礼·膳夫》郑注:"羞出于牲及禽兽,以备滋味,谓之庶羞。"羞鼎则是盛放羹汤、肉羹等调味品的鼎,又被称为陪鼎,是

镬鼎

春秋(前770—前476)
通高93厘米,口径102厘米,重220公斤
山西省太原市金胜村赵卿墓出土

鸟壶

春秋(前770—前476)
高40.8厘米,最大腹径18.2厘米
山西省太原市金胜村赵卿墓出土

高柄小方壶

春秋(前770—前476)
高28厘米,最大腹径8.9厘米
山西省太原市金胜村赵卿墓出土

一种加馔之鼎。国内曾有自铭为"羞鼎"的同类型鼎出土。

壶是贮酒器,有方壶、扁壶、高柄小方壶和鸮壶。方壶古朴沉稳,扁壶简洁大方,小方壶雍容华贵,鸮壶精美绝伦。

鸮壶,壶盖为圆雕的鸷鸟形捉手,鸟喙大张,双目圆睁,全身饰精美的羽翎纹,层次分明;爪抓两条奋力挣扎的小龙。鸟腹下有子口凸榫,套于壶体母口内。壶颈长而侧倾于一侧,鼓腹上有一虎形錾,虎口衔一环,有链条与盖鸟尾连接。壶口沿下饰一周绚索纹,腹部饰 4 组乳钉蟠虺纹带。鸮壶与中国古代天文学中的"鸮瓜星"有关。

高柄小方壶,盖顶四隅饰心形图案,正中饰相交的二龙,呈"卍"形。壶身饰菱形和楔形银锭状的网格纹。柄足部环饰二组似鹤的神鸟图案,造型别致,纹饰精美。器表有一层黑褐色的涂料,充填在网格和花纹中间的凹处,整个器物呈现出一种镶嵌艺术效果,给人以古朴、俊秀的美感。经研究,这些涂料是石英、长石、褐铁矿、锡石、孔雀石等矿物的混合物。

赵卿墓出土的乐器有编镈和石磬。编镈,环钮、平口、椭圆形或合瓦形器身。编镈有大型和小型,用以演奏乐曲或伴奏。自春秋以后,镈的扉棱逐渐消失,形体也渐小,小型编镈逐渐流行而与编钟相抗衡。编磬,是古代的打击乐器,石制品,多用于宫廷雅乐或盛大祭典。演奏打击时,发出不同音响。

赵卿墓编镈共 19 件,最大者通高 46.5 厘米,铣长 34.4 厘米。根据纹饰和音调可以分为两组,一组为夔龙夔凤纹编镈 5 件,另一组为散虺纹编

夔龙夔凤纹编镈

春秋（前770—前476）
山西省太原市金胜村赵卿墓出土

窈曲纹小量

春秋(前770—前476)
通高21.5厘米，口径6.8厘米
山西省太原市金胜村赵卿墓出土

镈14件，大小相次，音序相接。编镈都是复音钟，每个钟的正鼓和侧鼓可以各发出一个音，两个音相差3度，为了防止编镈的复音混响，镈体结构上设置了阻隔的"音脊"(或称"音梁")。"音脊"位于钟鼓部内侧正鼓和侧鼓之间，即一条窄长而扁平的隆起，亦可看作是口内唇于侧鼓内向上作条状延伸，上部呈圆形，大小相近，设计对称。经测音分析，19件成套编镈，扩展到了四个半八度，38个音，音色完美，在已知的春秋编钟里，音响效果无出其右者。

赵卿编磬一组13件，最大者通高22.2厘米，通长64.4厘米，由石灰岩制成，形制相近，大小相次成列。因长期受外界的腐蚀，磬体有许多小孔。作为随葬明器，可能礼的因素更大于乐的因素。其悬挂方式，与曲尺形排列的编镈，组成三面布局，符合《周礼》"三面，其形曲"的"轩悬"要求，属诸侯之制。

赵卿墓出土的环耳大量、窈曲纹小量和素面小量，共计3件，一大二小。是中国迄今所见最早的量器。环耳大量自重1764克，容蒸馏水

069

赵明之御戈

春秋(前770—前476)
通长20.7厘米
山西省太原市金胜村赵卿墓出土

2542毫升，容小米2026克；窃曲纹小量自重1075克，容蒸馏水630毫升，容小米505克；素面小量自重610克，容蒸馏水610毫升，容小米590克。三件量器均无计量铭文，但大量与小量的容积比为1:4，可知春秋时期晋国量器与齐国量器同样采用四进制。

赵卿墓出土兵器共779件，大多放置在墓主棺内，有戈、戟、钺、矛、剑、镞和藤弓等。仅剑和戈就有10件，其中一件戈的胡部上有线刻铭文1行5字："赵明之御戈"，这是判断墓主身份的重要依据。据考证，明与孟相通，赵孟即赵鞅（赵简子）。铭文的字体、风格与侯马盟书相似。与其他证据相结合，赵孟戈铭文揭开了墓主人身份的神秘面纱，他就是晋阳的创建者——赵简子。

"戈矛剑戟斧镞，象征武备；刀锯错凿锥削，象征文事；辖衔勒，象征出行；铲币海贝，象征财富；镜鉴带钩骨珠，象征衣饰的华美；积石积炭，棺钉漆皮，象征宫室的坚固。"赵卿墓出土的器物品类齐全、形式多样。稳重而威严的常见礼器组合尽显制度、等级和规范。此外，也不乏器形奇特，以罕见取胜，纹样新颖，变化多端，加工精细，设计上不时流露神来之笔的器物，可谓跨越时间囿限的艺术珍品。

（安放琪）

侯马铸铜遗址出土的模与范
解密古代青铜铸造的核心技术

> 侯马陶范工艺成熟，用料讲究而经济，用工精细而节省，设计巧妙而合理，技艺精湛而实用。从采矿、冶炼、制模、翻范、浇铸、打磨修整，甚至产品的定制、销售，形成一条成熟完整的产业链。

青铜时代是人类历史上的一个重要阶段，以铸造、使用青铜器为标志。中国是世界上最早进入青铜时代的国家之一。中国的青铜时代大致包括了夏商周至汉代约1500多年的时间，山西地处华夏文明的核心区域，已经发现的青铜文化几乎囊括了从新石器时代一直到汉代，乃至汉以后，整个中国青铜文明发展的全过程。山西青铜器数量之多、序列之完整、艺术之精美、技术之成熟都令人赞叹不绝。由于地缘关系，山西青铜器还融合了农耕文明与草原文明，形成独具特色的文化面貌，也折射出中华文明多元一体的发展演变的特色。

公元前6世纪至前3世纪的春秋晚期至战国晚期被称为继商代晚期之

后，中国古代青铜器艺术的第二个高峰。

精美的青铜器并不是一铸而就的，其核心技术是"模范"。中国古代主要采用模范浇铸法铸造青铜器。首先，要做青铜器的"模子"，然后用湿软的泥土压在模子上翻一个"外范"，接着把泥模均匀地刮去纹饰，形成"内范"，把内范和外范固定，保证它们之间的厚薄均匀。预热后，灌注铜液，等熔液冷却后打碎外范，取出青铜器，再经打磨、修整、抛光等一系列程序后，一件青铜器就基本完成了。一般来说，这种纹饰突出的、阳纹的叫模；纹饰凹陷的、阴纹的叫范。模与范是铸造青铜器最基础，也是最重要的用具。一件青铜器成品能否被完美铸造，最关键就取决于模具是否制作得精美。模和范是青铜器铸造的核心技术，后来引申为值得人学习或取法的榜样，也就是今天我们所说的"模范"。

20世纪50年代以来，考古工作者在山西侯马发现了春秋战国时期晋国的铸铜遗址，包含春秋战国不同历史时期多处铸铜作坊遗址。在早期的牛村古城西南的铸铜作坊7000余平方米范围内出土陶范、陶模达十余万件，完整或者成套的近千件，器形和纹饰几乎涵盖了东周时期晋式青铜器的全部范畴，这里既可以见到用来翻范的泥模、也可以见到用模翻出的泥范，还有可以重复在外范上压印纹样的模块。陶范器型有容器类、乐器类、工具类、兵器类、车马器类等。不仅有陶模块、陶范块和大量炉壁以及鼓风管、坩埚残片，此外，还有铜锭、坩埚、风嘴等铸造用具，以及雕刻陶范的铜刀和骨刀。研究表明，这里是以铸造货币、带钩、农具、工具等日常用品以及兵器为主，铸造青铜礼乐器为辅的大型铸铜工厂。晚期的白店村西北的铸铜作坊，200余平方米中集中出土陶范上千件。从春秋晚期开始一直延续到战国中期，尽管政局风云诡谲，改旗易帜时有发生，白店一直是青铜器生产的主要基地，尤其是战国早期，盛极一时。遗址中出土陶范器形有带钩、印章、匕、镜等用品，戈、剑、镞、弩机等兵器，鼎、壶、鉴等容器，车軎、环等车马器等。其中，陶印章模是以往未曾发现的。

春秋中期以后，"晋系青铜"铸造工艺不断创新变革，达到了技术和艺术上的巅峰，对东周时期的社会文化产生了广泛而深远的影响。侯马铸铜遗址发现的陶模、陶范的纹饰种类多样，以蟠螭纹最为常见，采用圆雕、浮雕、线刻等手法制成，其中以浮雕式数量最多。譬如这件饕餮纹模堪称其中的精品，上边有精美的饕餮纹图案。饕餮纹，又称兽面纹，它是中国商周时期青铜器最具代表性的主题纹饰。纹饰中间部分是兽面的鼻子、狰狞的大嘴、臣字形的眼睛，这些都继承了商代晚期的艺术传统，同时融汇了新的时代元

饕餮纹陶模

东周（前770—前221）
长42厘米，宽18厘米
山西省侯马市侯马铸铜遗址出土

素和地域创新，有鸟首兽身式凤鸟，有长着绵羊形弯角和大耳朵的鹰等，呈现出清新、粗犷、豪放的艺术效果的特点。陶范纹饰图案布局和谐，纹饰细致，层次分明，线条刚劲，一丝不苟，毫发之间展现了古代工匠的技术和精神。无论是器形和纹饰的丰富程度，还是精美程度上，侯马铸铜遗址的陶范都刷新了我们对晋国青铜器的认识。

这件举手人物范是一件复合范。整体形象为一人站立，双手上举，十指并拢，似托物状。头戴月牙形冠。着长衣，长及脚面，衣上饰宽条，内填纤细斜角雷纹。系腰带，打双蝴蝶结，穗下垂。应该是青铜器的一个部件或装饰部分，但纹饰如此精细，人物形象刻画真实，表情准确，对于研究当时的人种、服饰、礼仪等相关历史文化都具有非常重要的意义。

侯马铸铜遗址是一个规模宏大的青铜器制造基地、大工厂，工业化程度相当高。技术上以分铸法和模块化，铸造细密的蟠螭、蟠虺、龙凤等纹饰，以及丰富的动物形装饰，颇具特色，被称为"侯马风格"。出土的陶模、陶范及相关材料共同揭示了晋国当时庞大的生产规模和高超的生产技艺，尤其展现出对分铸技术的娴熟应用。工匠们出色地解决了铸造上复杂的技术问题，而且在不使用失蜡法的情况下，以简化、统一、协调和最优化的原则，使复杂的青铜器生产模块化，极大提高了生产效率，创建了晋系青铜器生产的标准化模式。根据对出土陶模、陶范及相关文物的综合研究，表明当时晋国铸造不同类型的青铜器在技术上也分工明确：制造工具、兵器、货币等使用单范或合范铸造；礼、乐器则用复合范，且分铸法的运

举手人物范

东周（前770—前221）
长8厘米，宽7.3厘米
山西省侯马市侯马铸铜遗址出土

用更加熟练。焊接技术在这一时期已被应用,已掌握锡焊、铜焊、铅锡合金焊接等技术。大约在春秋中期以后,还出现青铜器表面嵌入红铜片和金银丝的"嵌铜"和"错金银"等工艺,鎏金技术和在器表刻画花纹的工艺已兴起。

公元前585年晋国迁都新田(今侯马市),直到公元前475年晋国霸业结束。这期间,晋国的农业、手工业、商业出现了空前的繁荣。侯马陶范的工艺非常成熟,用料讲究而经济,用工精细而节省,设计巧妙而合理,技艺精湛而实用。从采矿、冶炼、制模、翻范、浇铸、打磨修整,甚至产品的定制、销售,这是一条近乎成熟完整的产业链,也显示作为春秋五霸之一的晋国当时的综合国力。根据陶范纹饰和青铜器纹饰的比对研究,晋国制造的青铜器受到当时各诸侯国的青睐。公元前600年到公元前380年,这200余年间很多诸侯国国君、卿大夫、重臣都以拥有这里的青铜器为荣耀。当时山西境内的青铜器多出自侯马铸铜遗址,就连河北邯郸,河南陕县、汲县、辉县出土的青铜器大多都来自侯马铸铜遗址,在当时这些地区都属于晋文化区。但侯马风格青铜器流传、波及、影响的地域远比我们想象得广泛,在今天的北京,长江流域的江淮、江汉地区,陕西都发现出自侯马的青铜器。古朴厚重、美轮美奂的晋式铜器,或贡送,或交换,流通领域涵盖了当时中国北方大部分地域。毫无疑问,春秋时期的侯马铸铜遗址是个"世界级"的青铜制造工厂。其产品流通甚广,也成为晋国重要的经济来源。

侯马铸铜遗址还发现供教学和练习的场所，出土部分器物样模和练习范。学徒们就在这里勤学苦练，反复揣摩，高超的技艺和精妙的设计得以代代延续。古代中国各个时代的手工业技术方面很少被记载，先秦时期这样的资料更为匮乏，好在有侯马铸铜遗址和大量陶范实物被发现，我们可以构建当时的手工业生产面貌。侯马陶范是晋国青铜文化的重要组成部分，它在陶范器型和纹饰上的种类已覆盖了大多数已知的晋国青铜器，不少流散的晋式青铜器也得以确认。侯马陶范见证了当时晋国作为春秋五霸之一的综合国力，及其与齐、楚、秦、燕、吴、越等诸侯国的文化交流。

战国中期以后，冶铁业逐渐繁荣，对当时的农业和手工业发展起到了重要的促进作用，不仅提高了社会生产力，而且加剧了社会分工，导致了深刻的社会变革。之后，青铜时代渐渐进入尾声。古代青铜器是中华文明中不可或缺的一部分，具有重要的历史、科学和艺术价值，是弥足珍贵的文化遗产。

（李　惠）

胡傅酒樽与温酒樽
多民族交融的历史见证

> 它们通体鎏金,富丽堂皇,敦实典雅的中原器形与活泼奔放的草原装饰浑然一体,不仅是汉代酒器中的精品,同时也是多民族文化交融的历史见证。

千百年来,酒文化作为中华文化中的一朵奇葩,韵味独特,经久不衰。无论古今中外,不管王侯布衣,饮酒始终是延续在人们生活中的一个独特内容。多少文人墨客饮酒吟诵,借酒明志,留下佳作无数,成为精神世界的无上享受。当历史远去,如今,那些形态各异的酒器似乎仍在展柜中散发着诱人的香气。

1962年9月,经过一场大雨的冲刷,山西省右玉县大川村村南的断崖上,一批珍贵的铜器破土而出。考古工作者清理后,惊喜地发现,这批铜器共有九件,其中五件上刻有铭文,胡傅酒樽及胡傅温酒樽就是其中的精品。

胡傅酒樽整体呈盆状，高34.5厘米，口径64.5厘米，浑圆的器身有点像商周时期的青铜圆鼎，下面的三支虎形足却非常低矮。汉代，被称为中国青铜时代的最后闪光点，这一时期的铜器摆脱了商周礼器的威严神秘，转而向实用器型发展，而且装饰风格比较简约，不过上流社会使用的器具仍然非常华贵。胡傅酒樽通体鎏金，虽然在地下埋藏了两千多年，仍然光泽不减，它的外围装饰有三只兽首衔环，还彩绘、浮雕着许多惟妙惟肖的动物纹，有骆驼、大象、老虎、羊、兔子等。整个器型看上去端正大方，纹饰精美，动物形象逼真，奢华而考究，既有北方草原文化特色，又不失中原的典雅大气，是汉代青铜艺术和技术的最好体现。

而胡傅酒樽的这种独特的外观却让考古学家非常疑惑，器物的器型属于典型的中原风格，但周身的动物纹饰却又透出清新的草原文化气息，这是为何？

山西地处华北平原、内蒙古草原和黄土高原的交界地带，北部紧邻游牧民族，南部连接中原腹地。从汉代开始，游牧民族与中原交往频繁，山西在这一时期不仅成为各种力量、各种政权角逐的交汇点，同时也是各民族交往的中心。尤其是山西北部，更是成为与游牧民族文化交融的前沿地带。出土胡傅酒樽的山西省右玉县大川村地处山西北部，毗邻长城，与内蒙古交界，这里还曾是塞外草原，更是匈奴部落活跃的地方，为了军事和生产的需要，汉王朝在此地屯驻了大量的人口和军队。除了对抗性的战争，他们之间还有文化、技术、商贸等方面的交流，长城内外的人们进行互市，

胡傅酒樽

西汉河平三年（前26）
山西省右玉县大川村出土

游牧民族和农耕民族之间交换皮革、棉麻、粮食等各自的特色货物，同时还有来自中亚、西亚的胡人、胡商沿着丝绸之路来到这里，长此以往，这里成了民族融合的重要区域。胡傅酒樽就是这一时期多民族融合的历史产物，展现的是汉代山西北部的生活场景。

胡傅酒樽口沿上刻有铭文"勮阳阴城胡傅铜酒樽，重百廿斤，河平三年造"，共18个字，清晰地记载了器物制作的地点、主人、用途、重量

胡傅温酒樽

西汉河平三年（前26）
山西省右玉县大川村出土

和铸造年代。通过铭文可以判断，这是古代用来盛酒用的器物。酒樽最早见于战国，盛行于汉、晋。当时上流社会常置于席、案上，饮宴时先将贮藏在瓮、壶中的酒倒在樽里，再用勺酌入耳杯，然后奉客。"勮阳阴城"是指勮阳和阴城，均为西汉雁门郡所辖县，勮阳位于今应县北，阴城位于今朔州东南。"百廿斤"，依汉制是120斤，汉代一斤相当于现在的250克，"百廿斤"相当于今天的30千克，也就是60斤。"河平三年"，是指公元前

26年，正是中国西汉末年汉成帝刘骜在位时期，历史上对刘骜的定评是"湛于酒色"。他迷恋酒色，宠幸赵飞燕、赵合德姐妹，不理朝政，为王莽篡汉埋下了祸根。

那铭文中的"胡傅"又是谁呢？从器物的风格和铸造技艺上判断，墓主人胡傅身份应该不低，但研究人员翻遍史料也没有发现与铭文中提到的胡傅有关的任何记载，遥想胡傅酒樽铸造的西汉末年，周边少数民族逐渐强大起来。右玉县地处匈奴族活跃的地方，器物上的动物也完全是草原风格。因此，专家推测，胡傅很可能是匈奴族部落里的一位头领。中国古代匈奴族，是马背上的民族，不仅善战，更善饮酒，酒樽上铸有的铜环，可能也是为了在马上携带方便。

胡傅酒樽通体采用的是鎏金工艺，是一种把金和水银合成的金汞剂，涂在铜器表层，加热使水银蒸发，使金牢固地附在铜器表面不脱落的技术。在东周和汉代以后均颇为流行，先后称为黄金涂、金黄涂、金涂、涂金、镀金，宋代始称鎏金。中国是世界上最早使用这一技术的国家，已出土的文物证实，在战国时期就已掌握。两汉时期，帝王诸侯等贵族使用的精美铜器上常施以鎏金工艺，不仅是为了显示身份，也是为了增加器物的观赏性。

与胡傅酒樽同时出土的还有两件胡傅温酒樽，铸造风格和胡傅酒樽基本一致，很可能是同一批铸造。

这两件胡傅温酒樽的外形几乎完全一样，如同一对孪生兄弟一般，均为青铜质地，且通体鎏金。胡傅温酒樽高24.5厘米，口径23.4厘米，壁厚0.4厘米，器身呈直筒状，器盖中央有一个提环，周围有三个凤形钮，器底是三个矮短熊形足。温酒樽外壁被一条弦纹一分为二，通体浮雕二十多种动物的图案，有飞奔的猛虎、仰头回顾的狮子、低头觅食的山羊、稳步前行的双峰驼、自由飞翔的大雁、蹒跚缓行的鸭子等，体态各异、造型生动。除此之外，器壁上还装饰有一些神话世界中的动物形象，比如凤凰、龙，还有传说中的九尾狐。这些是被视为祥瑞的神话动物，寄予了人们对生活的美好向往。

这两件胡傅温酒樽器盖口沿处都镌刻有铭文"中陵胡傅铜温酒樽，重廿四斤，河平三年造。"更有意思的是，其中一件的铭文最末多了一个"二"字，也许是为了表明这是第二件。

有人认为，这对胡傅温酒樽是一种加热酒的器具，也有人倾向于温酒樽可以保存醇香的美酒，因为厚重的器盖可以有效防止气味挥发。无论何种说法，仅仅是将酒具制作如此精致与艺术，我们就不难看出古人对饮酒的重视。

精美的胡傅酒樽与温酒樽，不仅是研究汉代铜器铸造、量器制度、鎏金工艺及美术史的重要实物资料，更是多民族文化交融的历史见证，是弥足珍贵的国宝。

（韩　敏）

雁鱼铜灯

取光藏烟 致巧金铜

> 铜灯构思巧妙，制作精美，代表了汉代青铜艺术和科学技术发展的水平。

  山西博物院馆藏一件有着两千多年历史的青铜灯具，它是西汉的雁鱼铜灯。这件铜灯采用中国传统的禽鸟衔鱼的艺术造型，鸿雁回首，衔鱼伫立。整体造型古朴典雅，独具匠心。大雁圆眼，长颈，体型丰满肥硕。身体两侧铸有翅膀，短尾上翘，生动可爱。双足并立，扁平宽大的脚蹼，承载了整个铜灯。

  雁鱼铜灯的灯体是由雁首、雁体、灯盘和灯罩四个部分组成。便于拆卸也易于清洗。雁的背上驮着灯盘、灯罩，而灯罩的上边卡在鱼的肚子里。灯盘和灯罩是套合而成的，雁颈和雁体也是套合在一起的，以子母扣的形式连接而成。鱼身和雁体都是中空且相通的。由于青铜灯的燃料主要是动

雁鱼铜灯

西汉(前202—8)
高53.8厘米，长31.3厘米
山西省襄汾县吴兴庄村出土

物油脂制成，因此燃烧时会产生呛人的烟雾，而点灯时会有一些没有完全燃烧的碳粒和燃烧后留下的灰烬，随着上升的热气流挥发，烟雾弥漫，导致房间的空气质量下降。所以雁鱼铜灯使用前，会提前在中空的灯腔盛放清水，当灯盘上的油料点燃后，燃烧产生的烟雾和废气被灯罩挡住，不能乱跑，只能向上进入鱼的身体，上升通过雁颈，最后烟炱溶解在大雁肚子里的水中，通过清水对冷却的油烟废气进行过滤稀释和吸收，同时也将燃烧产生的烟灰进行了回收和清理。因此，雁鱼铜灯既能照明，又能减少室内空气的污染从而保持清洁，很好地诠释了绿色环保理念。我们现在把这种灯称为环保灯。汉朝时将有吸烟管的灯称为釭灯，简称为釭。古代文人墨客的作品中会经常提到这个名字，晋朝还有人专门写了《釭灯赋》，赞美这种灯"取光藏烟，致巧金铜"。

雁鱼铜灯在鱼腹部中间设置灯腔。灯盘的中心有个支钉，使得灯盘可以灵活转动。通过控制灯盘一侧的手柄来转动灯盘，从而就可以调整灯光照射的方向了。灯盘上还安装了两片半圆形，称为翳板或灯隐的铜片，也就是灯罩，它让油烟乖乖进入烟管，而且还可以防止风将灯火吹灭。非常巧妙的是这两片铜片是可以活动的，人们可以根据需要，将两片铜片之间的开口调大一点或调小一点儿，这样就能够改变灯光亮度了。

汉朝的一些铜灯上还刻有文字，标记灯为"镫"或"锭"，而不叫灯，汉朝以后，才改叫"灯"。至于灯油，主要是人们常见的动物油，古人将有角动物的油称为脂，无角动物的油叫作膏。除动物油外，还有少量植物油（如大麻子油）和蜂蜡。灯通过灯捻吸油、燃烧。灯捻就相当于蜡烛中间那根棉线。古代文献记载有一种叫"麻蒸"的灯捻，就是指将几根去掉外皮的麻秸扎在一起，然后放在灯油中供点燃用。

雁和鱼都是我国古代的吉祥物。雁是一种典型的候鸟，每年秋分后飞往南方越冬，第二年春分又飞回北方繁殖。雁在飞行时，常排列成"人"字形或"一"字形，有所谓"飞成行，止成列"的特性。雁的这种按时南来北往和成行、成列的特点在我国被人格化，上升到知礼、守信的高度。于是，现实生活中的一些事情，便用雁来作比喻。最有意思的是古代相亲的时候，要用雁作为礼物。男方到女方家去下聘礼，要送上一只大雁，这一方面是表示守信用，不变心；二是暗示女方，到了婆家要知礼、守礼，长幼有序。

雁鱼铜灯不仅是一件实用器，还是一件富有吉祥寓意的精美工艺品。大雁和鱼造型栩栩如生，惟妙惟肖。雁羽、鱼鳞等细节刻画极为生动，虽已历经两千年时光变迁，仍是一件精美绝伦的工艺品。实用性、艺术性、科学性和环境保护意识，在它身上得到了完美结合。直到15世纪西方才有了类似的设计，汉代人的智慧着实令人钦佩和自豪。

（王 佳）

宋绍祖墓石椁
开启仿木石椁之先河

> 北魏宋绍祖仿木石椁，开启了砖砌墓室内构筑仿木形式石椁的先河，为中国建筑史的研究提供了北魏初期的模型实例，填补了这一时期的史料空白。

大同，原为西汉旧县，古称平城。公元398年，北魏道武帝拓跋珪自盛乐迁都平城，"营宫室，建宗庙，立社稷"，开启了近百年的北魏平城时代。这里市井繁荣，人口密集，民族汇聚，冠盖云集。大批遗址、墓葬的发现见证了昔日的繁华盛景。

2000年4月，大同市考古研究所对雁北师院扩建工程组织文物勘探，发现了11座北魏墓葬，其中宋绍祖墓是唯一一座有明确纪年和精美石椁、壁画的北魏太和时期墓葬。宋绍祖墓出土一块墓铭砖，阴刻"大代太和元年岁次丁巳幽州刺史敦煌公敦煌郡宋绍祖之枢"，记录了墓主人宋绍祖卒于太和元年（477），生前为幽州刺史，敦煌公爵身份。墓中出土文物丰富，尤其是置于墓室中部复杂的仿木构石椁，实为北魏时期单体建筑模型，在已知的墓葬石椁中是仅见的，也是目前已知墓葬石椁中年代最早的。

棺椁，为古代装殓死者的葬具。多为木质，也有用石质的。棺为盛放死者的贴身葬具；椁为套在棺外的外棺。木棺出现于仰韶文化时期，至龙山文化已出现木椁。周代，棺椁制度化，规定：天子棺椁四重，上公、侯伯子男、大夫，以等差分别为三重、二重、一重。士不重，仅用棺。早期椁的结构比较简单，由头足挡板、左右侧板和盖板拼合成平顶箱式结构，起到保护棺的作用。大约到了东汉早期，小型石椁墓开始向房屋式椁室演变，头部挡板逐渐变成了可以自由开合的门扉。到了隋唐时期，椁的外形发展为宫殿屋宇形状。

宋绍祖墓石椁，为青石、细砂岩质，由上百件精雕细琢的石质构件搭建起一座中国传统仿木结构的单檐悬山顶殿堂，通高 2.34 至 2.40 米、面阔 2.70 米、进深 2.86 米。前廊后室，前廊面阔三间，进深一间，廊柱为四根八角形石柱，下

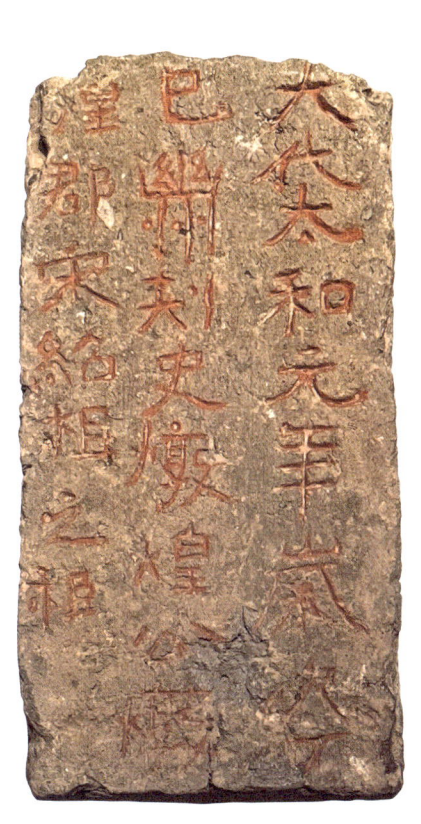

宋绍祖墓铭砖

北魏·太和元年（477）
长 30 厘米，宽 15 厘米，厚 5 厘米
山西省大同市宋绍祖墓出土

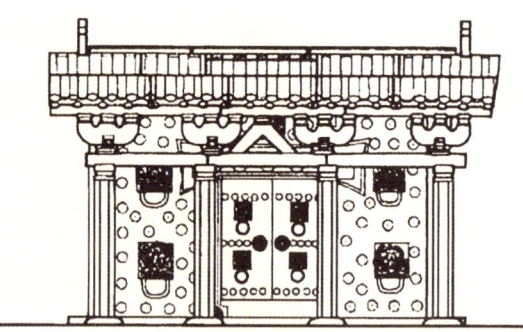

石椁

北魏（386—534）
通高2.34至2.40米，面阔2.70米，进深2.86米
山西省大同市宋绍祖墓出土

设莲瓣、蟠龙柱础，上置大斗、额枋一道，枋上设斗栱，柱头一斗三升、补间为人字栱，上承撩檐枋，覆盖屋顶，上置正脊，两侧装设"山"式鸱尾。栱枋表面彩绘各种忍冬纹图案。

　　宋绍祖墓石椁后室由4根角柱和10块石板围合而成，下设长方形地栿，地栿上开凹形卯与石板咬合，围成四面坚固的墙体。椁壁上架构四根纵梁分别与四根廊柱相对应，中间的纵梁直接架在前后椁壁正中，上合横梁，与前廊剳牵、撩檐枋组成四纵六横的网状梁架结构。剳牵相当于后来的穿插枋，扣合于前廊一斗三升斗口，与坚固的椁室前壁相连，加强了前廊的稳固。纵梁相当于木构建筑中的四椽栿及其上部构件整体，下有槽口卯合角柱、椁壁，在稳固自身的同时加强了椁壁四周的稳固，上留凹槽扣合横梁，即木构建筑的檩子，形成简洁有力的梁架结构。

后室明间有装饰典雅的大门，四周雕出门框，门楣上雕饰花门簪 5 枚，四周错落有致雕饰形制不同的铺首衔环 26 枚，其间按一定间隔装饰泡钉 200 余枚。铺首为巨目、高鼻、卷角的兽面，双角内侧雕饰出形制各异的忍冬纹花朵，数目不同、大小不等的三角形组成山岳图案及人物形象，阔嘴衔圆环或半圆形环，上施彩绘。这些神态各异的方形兽面铺首，应与古代的四灵有关。《史记·天官书》记五灵官名："中宫北极星，东宫苍龙，南宫朱鸟，西宫白虎，北宫玄武。"《礼记·曲礼》记军队行进时："行，前朱雀而后玄武，左青龙而右白虎。"四灵已成为四方护卫。战国以来，四灵图像被广泛用于铺首、瓦当、铜镜的装饰，也被用作城门的名称。故宋绍宗墓石椁借四灵作四方护卫以辟邪，起驱逐鬼神、守卫墓室的作用。铺首衔环既具有实用功能，又具有装饰作用，同时体现了墓主人的身份和等级。雕刻技法继承汉画像石的传统，主体物象用"减地平"凸面浮雕技法，阴刻细线表现细部特征，反映出宋绍祖墓在继承传统习俗的同时表现出自己独特的埋葬风格。

石椁顶板木瓦垄中发现了一行题记："太和元年五十人用公三千盐豉卅斛"。记载了石椁制作所用人数、工数和佣金。"公"通"工"。豉在当时烹饪中应用广泛，与盐并称为"盐豉"。"斛"，旧量器名，升、斗、斛十进制作为容量单位，一斛本为十斗，南宋末改为五斗，直至清代。西汉每升在 200 毫升左右，北魏时每升"于古二而为一"，约 400 毫升。这则题记，对于研究北魏石刻的造价提供难能可贵的资料。

石椁个别构件上存有雕刻和墨书文字，如"东""西""丑""申"等，代表方位和编号，表明石椁的筑造，从设计、雕刻、安装到彩绘都经过精心的规划。

石椁内部的东、西、北三壁均有绘画，但因潮湿和淤泥的长期腐蚀，致使壁画漫漶不清，色彩剥落严重。壁画直接绘于石椁内壁下部，采用墨线分界，先用墨线勾勒出线条，再施红彩渲染。西壁绘有一组舞蹈人物；东壁的已难以辨识；北壁正中是两位奏乐人物，皆褒衣博带，头戴方冠，面颊丰腴，神态怡然自得，西边的人物似席地而坐，手抚琴瑟，东边的人物左腿略向前伸出，右腿微屈，手拨阮弦，侧身西望，似一边弹奏一边倾听美妙的琴声。整个画面纯熟地发挥了线描的表

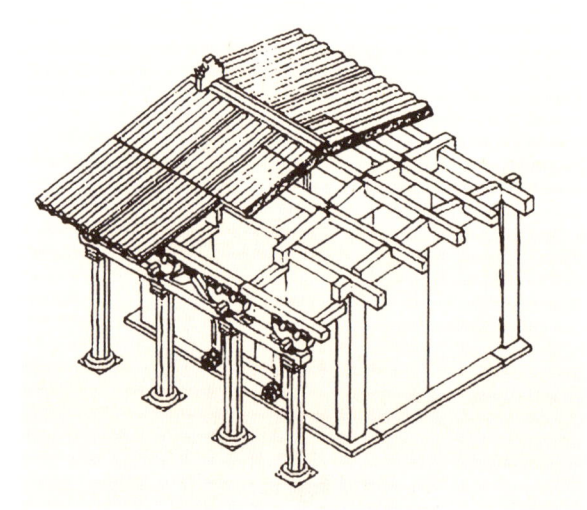

石椁结构透视图

石椁北壁奏乐图线图

现能力，人物造型简练而传神。学者们普遍认为此《奏乐图》受到了南朝竹林七贤画像砖的影响，两位奏乐人物应是参考当时南朝流行的高士形象。高士抚琴图壁画的出现，说明在北魏时期，南朝流行的高士题材已影响到北方地区。也有学者认为《奏乐图》与河西魏晋画像砖有较深的渊源，很可能是佛国天堂的一部分，或与当时丧葬观念有密切相关的象征意义。

  北魏宋绍祖仿木石椁，开启了砖砌墓室内构筑仿木形式石椁的先河，为中国建筑史的研究提供了北魏初期的模型实例，填补了这一时期的史料空白。由于纪年准确，从而也为北朝建筑的分期提供了一个可靠的断代标尺。石椁的雕刻技法，集圆雕、浮雕、线刻于一体，比例完美，是北魏单体石刻艺术的经典之作，体现了北魏文化多元一体的艺术特色。

（安放琪）

童子葡萄纹鎏金银高足杯

『葡萄美酒』鎏金杯

> 酒是一种具有独特芬芳的饮料，从它诞生之时起，就有无数人为它着迷、倾倒，最终演变为人类文明中不可或缺的一部分。

童子葡萄纹鎏金银高足杯，出土于山西大同南郊北魏遗址，是波斯萨珊王朝时期的酒器。它的杯口外侈，腹壁呈束腰状弧形，杯外壁的装饰画面十分精彩：整体以高浮雕葡萄藤组成五个圆环，藤蔓间则饰有禽鸟，画面中央则是具有强烈的希腊化风格的人物形象，仔细观察，那是五名童子似乎正在收获葡萄。

这种题材应与希腊和罗马神话中的酒神节有关。酒神节，也被称狄奥尼索斯节。在古希腊神话中，狄奥尼索斯不仅教会了人们种植葡萄，还教授大家酿制葡萄酒的方法，因此被誉为"葡萄酒之神"。此后古希腊人为了纪念葡萄的丰收，每年都会举办大型的庆典活动，这就是酒神节。

童子葡萄纹鎏金银高足杯

北魏（386—534）
高11.5厘米，口径9.6厘米，底径5.4厘米
山西省大同市南郊出土

随着波斯帝国的扩张，原本盛行于南欧一带的酒神节也随之传入西亚，形成了具有波斯风格的酒神崇拜。公元前4世纪亚历山大东征，将希腊文化传入西亚和中亚，特别是在中亚的巴克特里亚地区，酒神节的风俗尤为兴盛。后来，这种文化又随着丝绸之路来到了中国。

关于中国葡萄种植的记载有很多，从北魏到隋代一直有葡萄或葡萄酒的记载，特别是北齐时，葡萄的种植已很普遍，北齐贾思勰所著《齐民要术》中就专门谈到了葡萄的种植法、摘取法与保存法。长期以来，学术界都公认葡萄从西域引进中国。19世纪以前，文献中较为明显的关于引进葡萄的记载主要有两次：一为汉武帝时期（前141—前87）；一为唐初重新平定西域之后（640年左右），但均不太成功。而山西地区的葡萄引进还不属于上述有记载的两次，学术界公认它是由粟特人由西向东带来的，其时至迟也应在5世

人物动物纹鎏金银高足杯

纪左右。此时,正是中国历史上的北朝时期。

北魏皇始三年(398)7月,道武帝拓跋珪迁都平城(今山西大同市),称帝,北朝由此发端。北魏曾有长达97年的"平城时代",在此期间,北魏降服北凉,统一中国北方,再次打通丝绸之路中段,使首都平城成为丝绸之路东端重镇,形成异域胡商集聚、奇珍异宝云集的繁盛场面。如今,在大同各地出土的文物中,更是能看到当年中西文化交流的盛况。

北魏太延元年(435)后,粟特人大量进入并州,并世代居住。由于山西的地理、土壤、光照等条件,很适合葡萄生长。这些粟特人喜饮葡萄

鎏金錾花高足银杯

酒，有人随着商贸或者其他原因奔赴并州各地，长期居住后，在各处种植葡萄并酿造葡萄酒。

这件出土于山西大同的异域酒器，不仅是民族大融合的证明，也是北魏贵族生活的写照。与这件童子葡萄纹鎏金银高足杯同时出土的还有两件精美异常的鎏金银器，三件形制相近，均敞口、深腹、高足。它们作为波斯萨珊王朝时的酒器，是印证北魏平城时期中西文化交流的实物资料，对于研究萨珊波斯的文化艺术有重要参考价值。

（刘 琳）

北齐胡人舞俑

踏歌起舞当尽兴

寿阳周边发现的多座北齐高官墓葬,墓主人多为入华胡人。他们在北朝后期民族大融合的历史进程中已经基本汉化,并视寿阳为家乡。而中西方艺术、文化也在持续而深入地交融着。

中国历史上,自汉代至唐代,经历了前所未有的民族、宗教、文化大融合,来自中西亚甚至非洲、欧洲的诸多文化因素由海、陆两条丝绸之路进入中国,极大地丰富了中华文化,造就了绵延至今的华夏文化海纳百川的性格。舞蹈,虽自远古便已诞生于中国大地,但时至南北朝时期,更多舞姿优美、动作豪放、品类繁多的西域舞蹈,又一次为中国本土舞蹈注入了新鲜血液。

这件舞俑塑造的是一个正在翩翩起舞的中年男子,人物面部刻画生动鲜明,滑稽可笑,由他的高鼻深目、步态舞姿不难看出,这是一位胡人。他头戴红褐色船形帽,身着红色广袖衫,衣袖肥大,但大臂部分收紧,广

胡人舞俑

北齐·河清元年（562）
高25.3厘米
山西省寿阳县贾家庄村库狄迴洛墓出土

胡人舞俑 局部

胡人舞俑 侧后角度

胡人舞俑 正后角度

袖的下长至膝，且衣服又为左衽，这些都说明着他来自外邦的身份。舞俑下身穿白色肥大裤子，也许是为了舞蹈中更能展现飘逸的舞姿。只见他左手握起，拳心空置向上，右手亦握起而拳心向内，手中应当持有物品，很遗憾是何器物已经无从考证，很可能是为舞蹈助兴或伴奏的一类道具。男子两只手不同的角度、姿势，把凝固的舞姿还原成活灵活现的动态场面，让我们似乎又看到了伴着手鼓、琵琶等乐器的演奏，他开始扭动腰肢，欢快起舞，周身洋溢着豪放豁达的气息。

"胡人"究竟为何意？

一说到胡人，好多人会认为这是对少数民族的蔑称。胡人相对于汉人，先进程度较低，风俗也不尽相同。西晋时期江统在《徙戎论》中说："非我族类，其心必异，戎狄志态，不与华同。"这已经把异域来者当作敌我矛盾来看待了。所以后世再提到胡人，不管语气还是情感，在感觉上总有那么一点蔑视、轻侮的意思。

其实，早在战国时期，"胡人"的说法就出现了。赵武灵王"胡服骑射以教百姓"（《战国策·赵二·武灵王平昼闲居》）。既有胡服，那么穿胡服的定是胡人。

西汉政治家贾谊在《过秦论》中，也有"胡人不敢南下而牧马，士不敢弯弓而抱怨"的句子。这里的胡人，指的是匈奴人，或者说主要是指匈奴人，也包括其他游牧民族，比如"东胡"因居于匈奴人之东而得名，也有专家认为东胡其实是"通古斯"的转音。东胡后来演变为鲜卑、契丹、蒙古等民族。

"胡人"是对游牧民族的一种称谓，后来则演变成对居住在中国古代北方和西方的外族或外国人的一种泛称。《徙戎论》曾有言："《春秋》之义，内诸夏而外夷狄。"诸夏即是中原，胡人的概念也是基于中原的视角提出的。

从汉代以来，胡人形象就常常出现在中原的艺术中。北朝时期，以山西为纽带的北部中国发生了广阔宏大的多民族碰撞与文化交融，西域各国的使者、商人、高僧等不断涌入中国。这些胡人带来了域外的文化艺术和生活习俗，在物质和精神方面影响着整个时代的生活。

关于随葬的舞蹈陶俑

墓葬中随葬陶俑，大约出现于东周，一直延续至宋代，约有 1500 年历史。陪葬的人俑、动物俑、生产工具、生活工具等是我们了解当时社会的生活习俗、艺术水平、服饰、等级制度等历史文化的重要史料。

最早发掘出土的舞俑是战国的彩绘陶舞俑，出土于山东临淄，高 10 厘米，造型古朴拙雅。此外，战国舞俑还有山东章丘出土的乐舞群俑，山西长治出土、故宫博物院收藏的战国陶乐舞俑,湖南长沙出土的战国墓舞俑,等等。这些舞俑尺寸小、线条简单拙雅,雕刻出粗略轮廓,画出口鼻眼,服饰用彩绘,舞姿丰富,模拟了舞者、歌者、奏乐者、观赏者等不同身份的人物形象。

汉代舞蹈艺术兴盛,舞蹈形式多样,厚葬习俗盛行,不同地域风格各不相同,各具特点。在河南洛阳、山东济南、河北定州出土了场面宏大的汉代百戏俑,展示了高超的舞蹈技艺。此时期舞俑舞蹈形态多以盘鼓舞和长袖舞为主,舞袖折腰为汉舞的一大特征。魏晋南北朝时期,社会动荡,出土舞俑数量有限,舞俑多无道具,北齐胡人舞俑正是这一时期的代表。

关于西域舞蹈

西域的胡舞多姿多彩,隋唐时期胡舞在中原达到了鼎盛,胡舞中尤以胡旋舞、胡腾舞、狮子舞、柘枝舞等著名,唐诗中对它们都有描绘。

胡旋舞来自西域康国,唐代杜佑《通典·乐典》(卷一百四十六·乐六)载:"康国乐,工人皂丝布头巾,绯丝布袍,锦衿。舞二人,绯袄,锦袖,绿绫浑裆袴,赤皮靴,白葱帑。舞急转如风,俗谓之胡旋。"由此可见,胡旋舞以动作敏捷轻盈、旋转急速连续而出名。传入中原后,曾风靡一时,不仅宫廷有此舞演出,贵妃大臣、臣妾宫女等也都曾学习胡旋舞。白居易在诗中提道:"胡旋女,出康居,徒劳东来万里余。中原自有胡旋者,斗妙争能尔不如。"说明中原有很多人学会胡旋舞,更有甚者在舞技上已然超过了胡人。

胡腾舞起源于西域，大约在北朝后期，胡腾舞就已传入中原，是西域典型的男子独舞。舞蹈动作以急速旋转地跳、腾、踏、蹴为主，运用了西域舞蹈常用的蹉步、移步、碎步、踏步、跺步等以及腾跃技巧，面部表情是"扬眉动目"，身段是"反手叉腰"、弓如弯月，脚下"双靴软弱""环行急蹴"，整个舞姿呈现出"东倾又西倒"的狂欢情趣，几乎西域胡人的舞姿都有胡腾舞的某些特点。

莲花舞与胡旋舞类似，因舞女穿着鲜艳的舞衣，舞蹈动作多旋转，舞衣飘起犹如莲花，故有此名。岑参《田使君美人如莲花舞北鋋歌》前半部分，对莲花舞有较细致的描绘：

美人舞如莲花旋，世人有眼应未见。
高堂满地红氍毹，试舞一曲天下无。
此曲胡人传入汉，诸客见之惊且叹。
慢脸娇娥纤复秾，轻罗金缕花葱茏。
回裾转袖若飞雪，左鋋右鋋生旋风。
……

柘枝舞是从石国传入中原的西域舞蹈。它的流行程度不亚于胡旋舞和胡腾舞。柘枝舞的特点是以鼓伴奏为主的女子独舞和双人舞，舞者的舞帽上有金铃，转动时铃声悦耳。

狮子舞来自西域的西凉，《旧唐书·音乐志》载："五方狮子舞，出于西南夷天竺。"白居易在《西凉伎》中记录了狮子舞深受人们的喜爱，"贞元边将爱此曲，醉坐笑看看不足。享宾犒士宴监军，狮子胡儿长在目"。

西域舞蹈的东传以及在中原的盛行，给中原地区的乐舞注入了新的活力，增加了新的元素，对我国民族音乐文化的繁荣和发展产生深远的影响。这件胡人舞俑向我们生动展示了北朝时期的胡人舞，虽然无法欣赏这支舞蹈的全貌，但是他的喜悦之情溢于言表，感染无数观者。不知您有没有兴趣，随他一起踏歌起舞呢？

（刘　琳）

北魏杂技俑
定格的惊险刺激

北朝时期，民族大融合的背景下，中亚和西域的艺术家大量入华，为中国杂技注入了新的活力。在山西这座"民族熔炉"中，各种杂技艺术精彩迭现，其中最为代表的就是这组北魏杂技俑。

这是一组以杂技表演为中心的九个俑人。第一眼看到他们，视线很快就聚焦在中心的高杆，以及正在腾空翻转的演员身上。所有人都看向中央、聚精会神，表演者动作干脆利落，腾转精彩，让人忍不住想拍手叫好！在旁边环绕表演者的六个人，鼓掌喝彩，各具神态。有趣的是，他们头戴圆顶毡帽，脑后有帽裙，呈畚（běn）斗形，畚斗和簸箕的形状差不多。明代张岱在《夜航船》中记述："秦汉始效羌人制为毡帽。"尽管毡帽形制的早期来源无从考证，但仍有部分学者认为毡帽源自"羌人"和"燕地"，是典型的外来样式。

请留意观察他们的面部特征，不难发现这组陶俑都是高鼻深目的外国

北魏杂技俑一组

北魏（386—534）

高24.5—45厘米

山西省大同市曹夫楼村出土

人形象，被称为"胡人"。再来看衣着：他们身着圆领长袍，窄袖，颜色为红色或白色；领口、袖口、下摆均有缘边，腰间束带（推测为"蹀躞"带），衣长及膝，两侧缺胯，露出黑色的裤子，脚蹬黑色长靴，有些人的圆领袍衫上还绘有团形图案。这些细节明显有中西亚风情，没错了，他们一定是穿越丝绸之路而来的外国人。

　　这组北魏杂技俑出土于山西省大同市曹夫楼村，距今大约1500年，那时，在山西北部就已经有如此多的外国人了吗？确实是的。自汉代丝绸之路畅通，越来越多的西域各国使者、商团、僧侣抵达丝绸之路东端长安城。可时至北魏，长安城早已不再是帝都所在，西域各国使团、商队必须

北魏杂技俑 面部

抵达山西北部的平城（今山西大同），才能完成外交使命。那时的平城，已经成为重要的国际城市，拥有百万人口，是中国政治、经济、文化的核心所在。

再仔细观察，这六人手中原本应该是拿着东西，从姿态及手势推测，有指挥、吹奏、弹拨、打击的乐伎，各不相同。其中有一个人双手张开，似乎是想保护缘橦小孩。"缘橦"是一种高杆杂技，演员在高杆上表演攀爬跳跃，当时也被称作"橦伎"，属于汉代"百戏"的一种。在这组陶俑中，核心人物站于场地正中，他头顶的就是橦杆。在处理这一画面时，俑人的额头正中被挖有一个圆孔，以便插入橦杆。橦杆上有两个身形略小的孩子舞动身姿,上下翻飞,动作之危险不由令观者捏一把汗,也大呼精彩。这种表演,通常是将所要攀缘的杆物立于地面之上或人担、顶之,原来可能只有一个人,随后参与者越来越多。橦木上表演的皆为孩童,他们要在上做飞鸟或倒悬动作。这种技艺在市井街巷中尤受欢迎,这大概就是杂技艺术的独特魅力。

杂技,起源于先秦"奇伎戏",秦汉称为"角抵戏"。西汉时杂技开始兴盛,并大量吸收外来表演形式,节目更丰富,技巧更高超,成为当时社会的重要娱乐项目。东汉时期定名为"百戏"。南北朝时,人们开始使用"杂技"一词。《魏书·乐志》中记载:"诏太乐、总章、鼓吹增修杂伎,造五兵……缘橦、跳丸、五案以备百戏。"这种流行风俗艺术以陶俑的形式被贵族带入墓葬之中,最终让今天的我们得以一见北魏时的风俗娱乐景象。

魏晋南北朝的杂技,歌舞与音乐相伴,幻术与乐舞相携,纷纷展翅飞入其中,成为名副其实的"百戏"。此时展现于人们眼中的百戏,品种

北魏杂技俑 缘橦

北魏杂技俑 局部

繁多，形态各异。歌舞、音乐、技巧、竞技交汇融合，精彩炫目，牢牢地吸引住人们的目光。大型杂技有多人表演的缘橦、履索和马术等；小型杂技多单人表演，有跳丸、叠案和踏跷等。由此可见，杂技艺术在当时一定备受欢迎。现今我们熟知的"走钢丝"杂技节目，在魏晋南北朝时也有类似的表演形式，时人把这种杂技节目叫"履絙登橦"。现今马术节目里，"镫里藏身""就地拾钱"等马上技艺也是源自匈奴、鲜卑族的马上技术及西域各国的乐舞。

　　这组北魏杂技俑，保留着许多外来元素，可见当时虽然杂技表演多为胡人擅长，但这些胡人也已经深深地融入中国文化的氛围当中。那些平城盛世的艺术、文化魅力，便随着精彩的杂技片段定格在了这个精彩的瞬间，永远地讲述着中华历史上由多民族融合一步步走向盛世大同的精彩过程。

（刘　琳）

木板漆画
民族融合的见证

> 木板漆画色彩艳丽，呈现出鲜明的时代特征，对于研究南北朝时期文化交融具有重要价值。

魏晋南北朝时期，在政权的不断更迭中，各民族之间的文化也在相互融合。在绘画艺术上，绘画类型开始多元化，之前很少涉及的山水画成为文人雅士所喜爱的题材，伴随着宗教思想而出现的人物画也是这一时期的一大亮点。在绘画载体及形式上，不再拘泥于纸张、绢帛或者器物，而是开创了墓室壁画、砖画、寺院壁画、大型石刻、漆画等画作形式，将这一时期的文化更好地呈现在了世人面前，为后世奠定了坚实的基础。

1965年11月，一个偶然的机会，山西大同石家寨村西南在打井时发现一座北魏（386—534）早期墓葬，根据出土墓志资料考证其为北魏琅琊王司马金龙与妻钦文姬辰的合葬墓。这座墓规模宏大，虽早年被盗，但仍

木板漆画

北魏 (386—534)
1965年山西省大同市石家寨司马金龙墓出土

出土了陶俑、生活用具、墓志、木板漆画、石雕柱础等器物，出土文物共计454件，其规模为同时期墓葬所罕见。在出土的众多文物中，以一组木板漆画屏风最为精美。屏风最早在先秦时代出现时叫"扆"或"依"，西周时在上面用鸟羽装饰，被称为"皇邸"，早期也是权力与地位的象征。将屏风放在一个特定空间中，可以灵活地分隔空间，也有很好的装饰效果。司马金龙墓中发现的这一组木板漆画屏风，内容以人物画为主，虽然出土的时候不是很完整，但我们仍能从上面领略到魏晋南北朝时期漆画艺术的风采。

汉代为维持社会秩序、巩固国家政权，将绘画艺术与儒家伦理观念结合起来，用圣君、忠臣、节妇、义士、孝子这些三纲五常的典范劝诫子民，并把这些内容绘于屏风和墙壁之上，到北朝时这种做法被延续了下来，这组木板漆画屏风就是佐证。墓葬中发现的木板漆画较完整的有五块，每块长约80厘米，宽约20厘米，厚约2.5厘米，木板之间用榫卯结构连接而成。整个木板表面用红色漆为底，描绘了十几幅宣传帝王、忠臣、孝子、列女的故事，旁边还辅以大量的题记。

在山西博物院的"民族熔炉"展厅中就展出了其中的一块，木板漆画上的内容从上往下分为四层，每一层上都绘制着一段《列女传》的故事。画面第一层有六个人物，讲的是帝舜恪守孝道的故事；第二层画的三个人物分别为周太姜、周太妊、周太姒；第三层绘有鲁师春姜及春姜女像；第四层共六个人物，讲的是班婕妤辞成帝同辇的故事。图中人物动态委婉从容,线条自然流畅。从人物服饰质地的优劣、高低远近和不同比例的构图,都能区别人物身份的尊卑贵贱。例如画中的周太姜、周太妊、周太姒三位,衣着华丽,可以看出身份十分尊贵。在《列女传》中就有关于周氏三母的记载,相传她们三位在当时都是很贤德的女子。周太姜是周太王古公亶父的妻子,是周文王姬昌的祖母,她能够以身作则教导儿子,使他们从小到大在品德行为上都没有过失。而且太王每遇到大事,必定同她商量,可以说是丈夫得力的左膀右臂,夫妻二人非常恩爱。后来他们的儿子王季迎娶了一位商朝诸侯国国君的女儿,名叫太妊,她端庄贤德,怀孕时很注重胎教,从不看不好的事物,也不听不好的声音,生下了才德过人的周文王。周文王长大后在郃阳地区渭水之滨遇到太姒,惊为天人,又了解到她仁爱

木板漆画局部

木板漆画局部

明理,生活俭朴,决定迎娶为正妃。在《诗经·大雅·大明》中极力渲染了迎娶的场面,并对太姒极力赞美。她不仅品性贤淑,还是文王的贤内助,生养和培育了周武王姬发、周公姬旦等旷世奇才,后世也极为推崇这位女性祖先。

除了内容外,木板漆画的画法也独具特色。它在汉代单勾线和大笔平涂的基础上前进了一大步,采用渲染和铁线勾描的手法,用黑漆勾线条,脸、手涂铅白,服饰器具用黄、白、青、绿、橙红、灰蓝等覆盖力强的色彩来涂染,所以显得富丽精致。过去的油漆都是用桐油料,漆液比较黏稠,在上面不易作画。但细看木板漆画上笔法细腻,好似一挥而就,人物形象栩栩如生,无论是人物造型、服饰衣纹,还是线条勾描,都与顾恺之笔法相近。顾恺之是东晋的大画家,对中国绘画发展产生过极为深远的影响,他所画的《洛神赋图》《女史箴图》《列女仁智图》等都是传世的珍品。

木板漆画与《女史箴图》中的"班婕妤辞同辇",虽在创作时间上大约相隔90年,但题材相同,构图更为相仿,绘画技法一脉相承。关于班婕妤,在《汉书》中有记载,她是汉成帝女官,汉成帝到后庭游玩想邀班婕妤乘辇同行,班婕妤辞谢说,古代圣贤之君都是名臣在身旁,只有三代末主才有得幸的女人在侧。她以此来劝谏成帝不要因女色而忘记朝政,耽误国家大事。漆画中成帝一人坐在辇上,班婕妤随后,人物面部几乎没有什么表情,四个脚夫的身材画得很矮,使劲用力扛抬辇杠,显出了辇后高大形象的班婕妤。这相比于顾恺之的《女史箴图》,线条更显粗放。

除了绘画内容及技法外,木板漆画上的书法也有很高的艺术价值。北魏建都平城近一个世纪,其书法与绘画艺术同样都达到了新的高度。梁启超先生曾说过:"绘画在北魏不能独立,书法在北魏可以独立,而且可以分初、盛、中、晚。"木板漆画上题记的书写风格与《高贞碑》《曹望禧造像碑记》《元显俊墓志》等相近,是隶书向楷书过渡的典型书体,在中国书法史上独树一帜。

众所周知,北魏是由鲜卑族建立的北方少数民族政权,而在北魏墓葬中发现如此效仿两汉古风的木板漆画,让人不禁对墓主人的身份感到好奇。所幸的是,墓葬虽早年被盗掘,但仍发现了墓志三方,其中两方是司马金龙墓志,一方是司马金龙第一夫人钦文姬辰的墓铭。

根据墓志上的内容,考古学家确定墓主人为北魏琅琊王司马金龙及夫人姬辰。姬辰死于延兴四年（474），司马金龙死于太和八年（484），墓葬时间为延兴四年至太和八年（474—484）。司马金龙并不是北方少数民族人，他是晋宣帝司马懿的弟弟东武城侯太常馗的九世孙，祖籍是河内郡的司马氏家族。他为什么会在北魏承袭爵位，还要从司马家族的历史说起。司马家族从东汉时期就是"世二千石"的大家族，以礼制研究作为家学。公元3到4世纪，中原的汉人社会中已经确立了基于门第、血统的贵族身份。根据毛汉光先生的统计，当时全国第一流的贵族共有13姓17家，河内司马氏便是其中一家。三国曹魏时期，司马懿开始参与国家政治，逐渐掌控军政大权。秦始元年（265），司马懿的孙子司马炎接受魏帝禅让，建立了西晋政权。然而，晋王朝立国仅半个世纪，就在内乱和外患的双重打击下土崩瓦解，中原地区再次陷入战乱。宗室琅琊王司马睿在世家大族的支持下，于建康建立了东晋王朝。就在东晋亡国前一年，刘裕为建立新王朝而扫除成为其障碍的门阀贵族和豪族，东晋宗室成员司马楚之从江南逃到平城（今山西

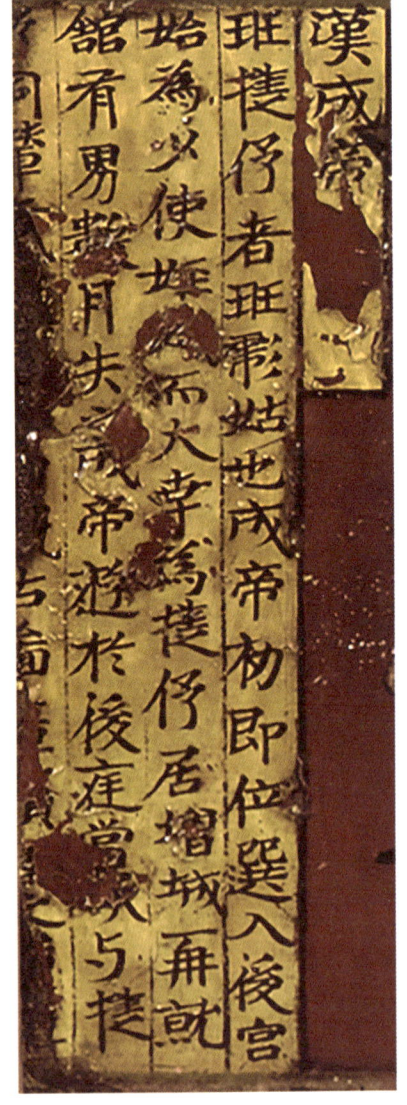

木板漆画题记

大同），投靠了北魏王朝。投魏以后的司马楚之官拜"假节、侍中、镇西大将军、开府仪同三司、云中镇将军、朔州刺史"，并受封琅琊郡王，死后陪葬金陵（今山西省左云县一带）。不仅如此，司马楚之还与鲜卑贵族通婚，娶河内公主为妻，生下了司马金龙。司马父子在北魏功高位显，凭借与鲜卑上层贵族门当户对的政治联姻，备受朝廷的宠信。

　　司马金龙是晋室后裔，传统的汉文化对他影响很大，加上北魏统治者对中原儒家文化的推崇，使得他的墓葬形制和很多随葬品都带有浓郁的汉文化色彩，墓中出土的青瓷唾盂、石砚台、漆食盒和木板漆画及其所画内容都说明了这一切。木板漆画的出土，不仅有助于了解北魏时期漆画工艺的发展状况，更为研究北魏前期的书法和绘画风格提供了极其重要的实物资料。木板漆画也因其特殊性和重要性，被国家文物局列为首批禁止出国（境）展览的文物之一。

（岳　媛）

北魏鎏金狩猎纹银盘

皇家银盘在平城

一件波斯萨珊王室和贵族使用的"皇家银盘",现身"平城"大同北魏大臣墓葬中,它会讲述一段怎样的昌盛过往?

天下大同,原是古代儒家宣扬的"人人为公"的理想社会,是中国古代社会的基本思想底框。不过,在山西北部,有一座城市就叫大同。在历史上,大同还有一个更加令人耳熟能详的名字——平城。

距今1500多年前,北方游牧民族鲜卑族拓跋氏建立北魏政权,在平城(今山西大同)定都近百年。其间,北魏政权统一中国北方,重新打通往来西方的丝绸之路,使首都平城成为丝绸之路东端重镇,形成异域胡商集聚、奇珍异宝云集的繁盛场面。

公元5世纪,北魏王朝正处于鼎盛时期,首都平城为当时中国政治、经济和文化的中心,是人口百万的国际都市。因此,大同历史文化遗存丰

北魏鎏金狩猎纹银盘

北魏·正始元年（504）
高4.1厘米，口径18厘米，底径4.5厘米
山西省大同市西郊小站村花圪塔台封和突墓出土

富,文化特色鲜明。从出土的金银器看,不论造型、纹饰和工艺上都独具特色,鲜卑文化的因子、汉文化的熏陶以及丝路文化的濡染,都从不同侧面影响人们生活的方方面面。尤其是西亚、中亚的舶来品,以其优美的造型、精致的雕刻而闻名于世。

1981年在大同市小站村北魏封和突墓(504)出土的北魏鎏金狩猎纹银盘,属于波斯萨珊饮食器,是王室和贵族使用的"皇家银盘"。盘内壁

北魏鎏金狩猎纹银盘 局部

锤雕狩猎图，表现了一位男性贵族在长满芦草的沼泽地只身与三头野猪搏斗的画面。这是萨珊王朝常见的图案，并且据萨珊王朝金属制品惯用的锤压法制成，是国内发现最重要的一件萨珊金银器。

画面中的男子是典型波斯贵族形象，深目高鼻，络腮长须，头戴半弧形冠，边饰联珠，冠后有萨珊式飘带，戴璎珞、耳饰、手镯。腰带上挂箭筒，足蹬半长筒靴。仔细观察不难发现，他双手横执一矛，矛尖已刺入一野猪右额，右脚反踹由后方袭来的野猪，另有一头野猪正从前方的芦苇丛中窜出，充满了紧张刺激的氛围。这类狩猎题材是萨珊银器中常见的图案，但大多数萨珊狩猎纹银盘的猎者均披铠乘马，躯体部分未作充分展现，姿态平板。而这件银盘上的猎者没有骑马，只着便服，形象矫健，宛如古希腊运动员，明显受古希腊古典艺术的影响，这在一般的萨珊金银器上少见，是一件艺术价值极高的萨珊银器。

这件鎏金狩猎纹银盘的拥有者封和突（438—501），代郡平城（今山西省大同市）人，北魏大臣。去世后追赠建威将军、洛州刺史。在他的墓葬中得以出土如此精美的舶来品，足见中外邦交之繁荣。魏晋南北朝时期，中国和波斯间的友好往来较频繁，《魏书》记载，波斯使臣来中国交聘达数十次之多，给北魏皇帝带来的各种礼品，其中有各种珠宝、驯象等。波斯萨珊王朝也称波斯第二帝国，它是在伊斯兰对波斯的征服及伊斯兰教流行之前最后一个伊朗大帝国。国祚始自公元224年，公元651年亡。萨珊王朝取代了被视为西亚及欧洲两大势力之一的安息帝国，与罗马帝国及后继的拜占庭帝国共存了超过400年。

从很多方面来说，萨珊王朝统治时期见证了古波斯文化发展至巅峰状态，它在很大程度上影响了罗马文化。而萨珊王朝的文化影响力远远超出了它的边界，遍及西欧、非洲、中国及印度，对欧洲及亚洲中世纪艺术的成形起着显著的作用。在工艺方面，萨珊王朝的金属工艺制作技术有了引人注目的进步，给中国的金银镶嵌工艺和拜占庭的金工技术吹进了一股新风。

随着北朝至唐代中外文化交流的大规模展开，西亚、中亚等地的商人、工匠纷纷来华，他们在带来大量国外产品的同时，也带来了包括金银器制造在内的不少工艺技术。在外来工艺中，对中国金银器影响最大的是锤揲工艺。

锤揲工艺最早出现在公元前两千多年的西亚、中东地区，大量用于金银器的成型制作，是传统金属加工的主要工艺之一，又称为"打作法"或"槌揲法"。这种方法利用金、银质地较柔软，延展性强的特点，将金银捶打出各种形状。用锤揲法制造的器物要比铸造耗用材料少，也不像铸造器物是需要多人分工合作，可单人独立完成，在质地较柔软又十分珍贵的金银制作中极为盛行。

当然，这也是一项艰苦的工作，和一份需要慢下来的细活。首先，将熔炼提纯后的金块或银块加热；用锤子反复敲打，使其延伸展开成为一定厚度的金片或银片；然后，剪裁成所需要的简单器型。再经过捶打、敲击，直至器形和纹饰成型。简洁的器物上，以锤揲之力展现出富有肌理的变化，让金属脱离了冷冰冰的质感，不仅多了人文的温度，也更能体现金银制品的特质和美感，因此锤揲工艺得到了广泛的应用，考古出土的唐代金银器绝大部分都是锤揲成型，足见其影响之大。

金银器历来是国际贸易中的贵重商品，公元5世纪时期的西域金银制品目前在世界上的存量十分稀少，而且多以传世为主。以这件北魏鎏金狩猎纹银盘为代表，经科学发掘出土、具有确定时代信息的文物，对于研究相同历史时期中西亚的金属工艺、器物时代特征都具有珍贵的学术价值。

自汉代丝绸之路畅通后，公元5世纪的北魏王朝正处于鼎盛时期，大量的西亚金银器出现在平城。这些丝绸之路上的东西方贸易往来带来的异域文化，为传统美学注入了新鲜血液，丰富了美的内容，促使中国传统美学的变迁与发展，为隋唐的辉煌奠定了基础。

（刘　琳）

东魏程哲造像碑

石刻佛影耀三晋 魏碑书法传千年

造像碑是在北魏石窟开凿影响下出现的一种造像形式，常见于山西、陕西、河北一带。在众多北朝造像精品中，程哲碑无疑最引人注目，它是佛教文化与中原文化碰撞融合的典型产物。

佛教自两汉传入中国以来，经历了漫长的发展阶段：一是汉、三国、两晋、南北朝阶段，这是佛教由传入到日趋兴盛阶段；二是隋唐阶段，这是佛教的鼎盛时期；三是宋元明清阶段，儒释道三教融合，佛教中国化完成的同时，也逐步向由盛而衰转变。

佛教文化传入初期，与中国本土文化发生了强烈的矛盾与冲突，南北朝时为最激烈，体现在政治、经济、哲学和宗教伦理等多个方面，另一方面由于当时政府的保护和提倡也促进了佛教中国化和中国多元文化融合与发展。

东魏《程哲碑》就是佛教文化与中原文化碰撞融合的典型产物。这通

《程哲碑》

东魏·天平元年(534)
碑身通高143厘米
山西省长治市裴家漏村

碑又称为《赠代郡太守程哲碑》，镌刻于北朝时期东魏天平元年(534)，原立于长治市袁家漏村。清光绪年间被发现，备受学者重视，现藏于山西博物院。碑身通高143厘米，碑身四面镌刻。造像碑正面开一圆拱形佛龛，高50厘米、宽39厘米、深9厘米，佛龛两侧线刻立柱，上部刻尖拱龛楣。龛中佛像高47厘米，结跏趺坐于方座之上，面形长圆，素面高肉髻，内着僧祇支，胸前束带作结，外披双领下垂式袈裟，袈裟下摆覆于座前，衣褶略呈"八"字形展开，袈裟衣纹多用平行的阴线所刻。佛身后用阴线刻头光、背光，身侧左右各有阴线刻胁侍弟子，均有头光，佛座两侧刻佛教经典故事"猕猴献蜜"，造型简括。龛外线刻满壁，左右胁侍菩萨各一，有桃尖形头光，头戴花冠，身着长裙。龛上部刻祥云及火焰纹，其间左右各一飞天，体态飘逸，线条流畅。佛龛下部正中刻四人供养图，分为两组，每组二人，前低后高，前为老者对坐，手执莲蕾，着长袍，踞坐，无发，二人身后各有一持伞盖侍者，供养图正中有两行刻铭，字迹大多模糊不清。四人供养图两侧各蹲一长毛猛兽，似张口欲吼，形态应为狮子。侧均刻有祥云及飞天纹饰，与正面纹饰相连接。很明显，这是一通典型的佛教造像碑，是当时社会上佛教盛行的具体反映。

与正面的开龛造像不同，《程哲碑》背面碑头刻"大魏天平元年岁次甲寅十一月庚辰朔二日壬午造讫"。其下勒文小楷，31行，满行45字，碑文总计1404字，详细记述了程哲及其同族中显赫人物生平，既是发愿文，又是一篇墓志铭。据碑文可知，程哲为上党长子人(即今长子县)。其远祖在商周时期"世为名卿"，三国、两晋直到后赵、后燕时期，其历代先祖曾先后担任刺史、太守、大将之类的官职。其中远祖与邓艾伐蜀，在魏元帝景元年间灭蜀战争时立下大功，升任征北将军、青州刺史、特进广年侯。祖父程芝在北魏明元帝拓跋嗣时曾应诏西征，因军功而补高都令。程哲享年"八九"，应为72岁，依此推算，程哲应出生于北魏南安王拓跋余承平元年，即公元452年。他是一个人品出众，谈吐不凡，又善弓箭骑射的文武双全式的人才，推崇君义臣忠、父慈子孝、兄爱弟顺的做人准则，死后被追赠为代郡太守。《程哲碑》同时铭刻了其宗族同姓的代郡太守程永、晋阳令程鑫、高都令程义等的颂文。碑阴的内容又提示我们这通碑虽是一个古代的摩崖碑刻，但他具有立碑铭史的性质。

碑阳的佛教主题与碑阴铭史内容的巨大反差让人疑窦丛生。这恰恰就是《程哲碑》最具特色的地方和它的价值所在。中国传统文化历来重生死，"事死如事生"是中国人的丧葬习俗，墓碑中出现佛教造像题材，说明死者生前已然虔诚信奉佛教，希望死后他信奉的宗教神祇能够给他带来彼岸世界的平安和幸福。传统汉文化和来自古印度的佛教文化在同一通碑上完美地并存、融合，正体现出南北朝时期文化大融合的历史风貌。

从艺术角度看，中国的石刻艺术、书法艺术在南北朝时期已经达到纯熟的程度。云冈石窟是中国早期石雕艺术数量最大、质量最精的石窟群之一，巨大的石雕造像成为北朝佛教艺术的特征之一。体量小的单体碑刻则反映得更为具体而直观。

《程哲碑》碑阳除佛龛中主佛是半浮雕以外，正面及侧面碑身布满阴线刻的纹饰，内容包括胁侍、供养人、飞天、猛兽及祥云火焰和勾连草纹，无论是造型人物衣纹的飞动，还是猛兽的雄壮体态，都表现得非常适度，线条流畅而无滞涩之感。主佛衣褶刻线深厚流畅，富有层次和立体感；飞天着长裙，衣带飘舞。佛龛下部的两猛兽造型显得孔武有力，四肢的健壮、张口欲吼的神情，须发及尾毛的飞动，使或护法或镇墓的猛兽形象跃然石上，呼之欲出。火焰和勾连草纹刻得随意而流畅，用"行云流水"来形容是非常贴切的。可见，此碑作者运用线条造型的技巧娴熟。在北朝各碑中，此碑的线刻艺术属上乘之作。

南北朝书法家灿若群星，无名书家为其主流，他们继承了前代书法的优良传统，创造了无愧于前人的优秀作品。北碑南帖，书法以魏碑最胜。北朝书法以碑刻为主，尤以北魏、东魏最精，风格亦多姿多彩。康有为说："凡魏碑，随取一家，皆足成体。尽合诸家，则为具美。"《程哲碑》碑阴的刻字正是这个时期书法艺术的精品之一。正文以浅线刻框，文字布局严整，笔画方折峻厉，刻工极精细，书体是小楷，但隶书意味仍存，反映汉代隶书向唐代楷书发展的过渡阶段。钟致帅《雪轩书品》称："魏碑书法，上可窥汉秦旧范，下能察隋唐习风。"北朝的碑刻书法为隋唐书法艺术的范式奠定了坚实的基础。唐初几位楷书大家如欧阳询、虞世南、褚遂良等都是取法魏碑。

北朝的五百余年间，被称为佛教发展的第一个高峰。在历经北魏统一，东、西魏与北齐、北周的分裂，政权交替混乱，使得佛教有了充分发展的社会条件。尤其是北魏定都平城时（今山西省大同市），北魏诸帝，除了废黜佛法的太武帝外，都笃信佛教，大量僧侣从凉州及世界各地涌入平城，使其成为佛教中心。当皇家大规模的开窟造像成为北魏佛教造像风格主导的同时，民间信士们为了单独供养及移运便利，除了铸造为数甚多的金铜佛像和单体石雕像之外，另一种具有民族传统的佛教造像艺术载体——造像碑，则在民间悄然兴起，成为民间佛教造像的主流。民间造像从其保存状况的完整性、系统性与工艺的精湛方面来说虽不能与石窟造像相媲美，但民间造像对于时代风格的敏感以及凿刻内容的随意性、多样性却是皇家造像无法匹敌的。

东魏《程哲碑》是中国南北朝时期北方地区佛教文化和汉文化大融合的一个微观实例，对北朝时期佛教造像的发展变化和书法艺术发展都有非常重要的学术研究价值。

（姚　香）

北齐娄睿墓壁画
1500年前的惊世华彩

娄睿墓壁画是中国南北朝美术考古的一项重大发现,是衡量北齐绘画发展水准,研究北齐音乐、服饰、内廷、丧葬等礼仪制度的重要例证。它的发现揭示了从东晋到隋唐之际艺术渊源之谜,使这一时期空虚的绘画史得到了充实,填补了中国艺术史上的空白,而且为研究当时的历史文化、社会面貌提供了重要的实物依据。

1979年,北齐娄睿墓在太原刚刚被考古工作者发现就震惊了全世界,尤其是墓中保存下来的220余平方米的古代壁画是南北朝时期中国绘画艺术的代表作,填补了美术史上的北朝绘画空白,其艺术成就承汉晋而启隋唐,足以印证北朝画坛的瑰丽气象,堪称"惊世华彩"。

娄睿墓位于山西省太原市西南晋源区王郭村附近。在王郭村和牛家村之间有一土岭,俗称晋王岭。岭边有两座大墓,宛如两座小山,一南一北,巍然对峙。清代学者刘大鹏所著《晋祠志》记载:"晋祠南五里许,晋王岭有大墓二,南一北一,当地群众俗称'王墓'。"故老相传,有的说是唐叔虞墓,也有说是晋王墓,还有说是北齐承相斛律金墓。20世纪70年

娄睿墓《鞍马出行图》

北齐（550—577）
山西省太原市王郭村出土

代初,当地某些老百姓受到"若要富,挖古墓,死宝变活宝"的错误影响,在经济利益的驱动下,企图从墓门进入墓室盗窃古物,在墓门口挖了个深10米的大坑,墓道两壁已经露出壁画的画面,后来被太原市文物工作管理委员会的同志发现了,动员大家要认真保护古代文物,不要随意盗窃,才避免了这座古墓经受更大的破坏。1979年4月至1981年1月,考古工作者对墓葬进行了发掘。墓中出土的墓志盖上刻有"齐故假黄钺右丞相东安娄王墓志之铭",墓志上刻有900余字长篇铭文,为我们确定了墓主人是北齐丞相东安娄王娄睿。墓坐北朝南,由封土、墓道、甬道、天井和墓室组成,占地400余平方米,底部东西长17.5米,南北深21.3米,规模宏伟。墓内壁画约220多平方米,主要分布于墓道两壁、天井、甬道、墓门、墓室。规模宏大的壁画,依据内容被划分为71幅,大致可归纳为两大部分,五个组合。第一部分,表现墓主人生前的戎马生涯和显赫的官宦生活,内容有《鞍马出行图》《牛车出行》《回归图》《门官仪卫》《四部鼓吹》等和贵族宴饮生活图,以绚烂多彩的大型长卷形式描绘了墓主人生前的威仪和豪华生活。第二部分,有《天象图》《祥瑞图》《升仙图》《十二生肖》和畏兽神怪等,反映墓主人死后升天、回归极乐世界虚幻境界的情景。其中以墓道东、西两壁壁画色彩鲜艳、线条清晰,保存最好。

娄睿墓壁画最精彩的当属第一部分,墓道西壁第二栏的《鞍马出行图》,该图为长卷式构图,总长近70米,高1.7米左右。描绘了主人出行,众骑相随的场景。在出行队列前,有导骑二人。年龄稍长者脸修长,戴黑色长裙帽,身穿月白色内衣,外罩月白色左衽窄袖长袍,细口裤,黑色长靴。腰间束蹀躞带,手扶弓,弓入囊。坐枣红色鞍马,安详凝视,纵马缓行。从者勒马回首,长圆脸,浓眉凤眼,小胡子、小嘴。戴黑色防风的长裙帽,穿枣红色窄衽长袖,灰白色细口裤,腰间也束蹀躞带,黑色靴踩在马镫上。正勒住缰绳,令马头高昂,前脚却步,后腿蹬,马尾昂扬,好像是受惊的状态,马尾下是一长串粪便。从者回头正关切地注意着后续队伍中马受惊的情况。可见,画师非常熟悉草原牧场的生活,技巧也十分丰富,既生动地表现出了马匹惊骇的形象,也增加了壁画的情趣。

　　这幅壁画立意完整、构图合理,人物的主次前后关系、结构的疏密穿插巧妙,变化丰富,紧扣主题。整幅画面,人和马都处于动态中,画家还以高超的线描技巧,勾勒出马儿奔跑、惊驰、嘶鸣之状。不仅线条千变万化,顿挫有力,如行云流水。同时,绘画时十分注重细微的动态变化,注重空间层次。骑者严肃谨慎,从骑却回首兼顾,画面前后形成相互联系的效果。人物形象具有明显的北方人特点,长面高鼻、浓眉细目。其表情动作刻画细致逼真,有人直视前方,有人回首后望,另有人窃窃私语。骑队中有身着圆领窄衬衫的女骑手,在古代绘画中也是第一次看到。

　　中国的南北朝时期是一个黑暗、混乱的年代,同时又是一个自我意识觉醒的年代。个性解放、思想自由、艺术觉醒使得文学、音乐、美术的地位提升,相关的艺术创作和理论也逐步发展成熟,出现《文论》《诗品》《画论》等文艺理论著作,但是流传、保留到今天的可资印证的实物资料实在是太少了！因此吴作人先生观摩娄睿墓壁画后，称赞道："使千百年来徒凭藉志、臆见梗概的北齐绘画，陡见天日，使中国绘画史，犹长河万里，源流更汇支流，空缺得以证实。"

娄睿墓壁画让我们真正领略到1500年前北朝时期高超的绘画水平。壁画无榜题，因此我们无法确定其作者。但从内容和技法上可以看出，画师非常熟悉北齐贵族的生活习尚，具有敏锐细致的艺术观察力，所画人物、马匹形象生动，足称"以形写神"典范。学者专家曾经一度认为娄睿墓壁画的作者是北齐时期最负盛名的皇家画家——杨子华。杨子华是北齐世祖高湛的爱臣，善画贵族人物、宫苑、车马，所画马匹尤其生动逼真，据传他在墙壁上所画马匹，甚至引起观者夜间听到马索水草而嘶鸣的幻觉。时有"画圣"之称。当时，北齐皇族让他专门供职宫廷，非有诏不得与外人画，成为专门的御用画家。他所画人物形象丰满圆润，有别于顾恺之的"秀滑清丽"，他的画风影响到唐代，具有承前启后的历史地位。唐代大画家阎立本曾赞誉杨子华说："曲尽皆妙，简易标美，多不可减，少不可逾，其惟子华乎。"娄睿墓壁画的真正作者是否是杨子华，现在仍是一场学术公案，但从另一个角度说明了娄睿墓壁画极高的艺术性。

事实上，娄睿墓壁画是按照一定范式和规制绘制，既表现墓主人的身份，也反映当时人的宗教观、生死观，使壁画与随葬品共同构成一个以逝者为中心的"微型宇宙"。即便不是宫廷画师亲自绘制，也是古代工匠们以官方丹青高手的粉本为底稿绘制。他们先用草拌泥将墓道和墓室墙壁抹

娄睿墓志

平，厚度在2厘米左右，这叫地仗，再在地仗层上刷一层白灰，使墙面像一张竖直铺平的白纸。然后趁着地仗和白灰层湿软时，用竹签一类的东西在上面勾勒出轮廓。墓室内则用淡墨勾出底稿，然后敷色晕染。壁画的设色均用矿物质颜料，有朱砂、赭石、熟褐、石黄、石青、石绿、墨黑和蛤粉等。一般多在既定的范围内平涂或渲染，其色彩效果因多用矿物质颜料而显得纯净稳重，物象被渲染得鲜艳单纯，对比强烈且又统一调和在明朗的装饰美感中。与白灰壁面相间衬映而形成明快、空灵的清新效果。

据史籍和墓志记载，娄睿出身于东魏、北齐两代地位显赫的鲜卑望族——娄氏家族，是北齐武明皇太后娄昭君宠爱的亲侄子，是当时一位了不起的风云人物。他生于公元531年，卒于公元570年，本姓匹娄，字佛仁，太安郡狄那县（今山西寿阳县）人，鲜卑族。北齐外戚大臣，曾跟随北齐神武帝高欢起兵，屡立战功，荣耀一时。去世后，谥号恭武。

《北齐书·娄睿传》记载，娄睿"在任贪纵""纵情财色，为时论所鄙"。因为贪婪无度曾被削官免职，但很快凭借外戚身份，在"加官、免职、再加官"的反复中步步高升。始终是手握重兵、镇守陪都晋阳的高级贵族。以太傅、太师兼尚书事、尚书令而成为总领帝机的重臣，死后葬在晋阳（今太原市南）。在北朝至隋唐时期，晋阳被称为东魏霸府、北齐别都、唐代北都，是最重要的政治中心、文化中心和军事重镇。北朝时期许多高官显贵、军政大臣长期在晋阳生活，死后也选择葬在这里。所以在娄睿墓中出现这样规模宏大、气度恢弘的精美壁画就不足为奇了。

娄睿墓壁画是中国南北朝美术考古的重大发现，是衡量北齐绘画发展水准，研究北齐音乐、服饰、内廷、丧葬等礼仪制度的重要例证。它的发现揭示了从东晋到隋唐之际艺术渊源之谜，使这一时期空虚的绘画史得到了充实，填补了中国艺术史上的空白，而且为研究当时的历史文化、社会面貌提供了重要的实物依据。因其珍贵的历史及艺术价值被国家列入为"首批禁止出国（境）展览文物"。

（姚　香）

北齐娄睿墓釉陶器一组

尘封的王陵 耀世的千年窑火

1979年太原市王郭村发现一座神秘的墓葬，伴随墓葬而出土的除了轰动世界的宏伟壮观的壁画，还有丰富精美的釉陶器。这就是北齐东安王娄睿及其妻东安郡君杨氏合葬墓。

1979年太原市王郭村发现北齐东安王娄睿及其妻东安郡君杨氏合葬墓，虽屡遭破坏，仍有870余件器物出土，显示墓主人生前的显赫地位。此次发掘出土了70余件釉陶器，造型美观，纹饰精美，釉色光亮，为研究北方陶瓷业生产发展提供重要资料。娄睿墓出土的釉陶器有长柄灯、带盖尊、鸡首壶、带盖罐等。胎色白中微泛黄。釉色青中泛黄，玻璃质感强。因烧结温度不高，瓷化程度稍低，严格来讲属带釉陶器。娄睿墓出土釉陶胎体厚重，器型硕大，造型风格庄重粗犷。装饰技法使用堆塑、贴花、划花三种方法，纹饰繁缛精美，更显北方特色。

青绿釉贴塑莲瓣纹长柄灯，通高50.2厘米，灯径18厘米，底径20厘米，

青绿釉贴塑莲瓣纹长柄灯

北齐·武平元年（570）
通高50.2厘米，灯径18厘米，底径20厘米，柄长28厘米
1979年山西省太原市王郭村娄睿墓出土

柄长28厘米。分座柄、灯盏两部分。座、柄连在一起,灯盏另制,底附尖插,与柄插合。座贴覆莲纹,座底缘饰一周联珠纹,柄下部施忍冬图案,上端为仰莲,以承托灯盏,灯盏方唇略内敛,盏底饰仰莲一朵,腹饰忍冬纹、宝珠和月牙形组成的图案各四组,相间排列,盏沿饰联珠纹。通体施黄绿釉,釉色晶莹,有冰裂纹。

黄绿釉贴花铺首带盖尊,通高34.2厘米,口径15厘米,底径18.6厘米。宝珠钮圆盖,宝珠钮下贴莲瓣纹,盖面划双层覆莲纹。瓶敞口圆唇,短颈,鼓腹、平底。贴饰凸弦纹、团龙纹、莲花纹,铺首衔环。通体施黄绿釉,光泽晶莹,有冰裂纹。

青釉堆塑宝相花龙柄鸡首壶,高48.2厘米,腹径32.5厘米。盘口微侈,龙首衔于盘口,龙颈接腹,细高颈,鼓腹,与龙柄相对处有一鸡首。两旁各有三钮,中间钮下贴宝相花一朵;龙柄鸡首及六钮下各贴塑忍冬。腹部有棱,下贴四只展翅凤鸟。通体青釉,有冰裂纹,浅黄色胎,质略粗。

青绿釉划花莲瓣纹盖罐,高26.5厘米,腹径22厘米,底径11厘米。宝珠形钮盖,圆唇外侈,短曲颈,鼓腹,平底。盖及肩部刻莲瓣纹。通体施黄绿釉,光泽晶莹,有冰裂纹。

北齐东安王娄睿,鲜卑人,本姓匹娄,简称娄,其姑母娄昭君为高欢"武明皇太后"。据《北史》《北齐书》记载,娄睿自幼丧父,由叔父太原王娄昭抚养。由于娄睿是鲜卑望族、北齐外戚,且在各武装集团的争权倾轧中,积极支持高欢建立北齐王朝,并屡立战功,功勋卓著。先后被封东安

黄绿釉贴花铺首带盖尊

北齐武平元年(570)
通高34.2厘米,口径15厘米,底径18.6厘米
1979年山西省太原市王郭村娄睿墓出土

青釉堆塑宝相花龙柄鸡首壶

北齐武平元年(570)
高48.2,腹径32.5厘米
1979年山西省太原市王郭村娄睿墓出土

王、司空、司徒、太尉，天统二年（566）封为大司马统领全军。武平元年（570），高欢之孙高纬即位，娄睿以东安王爵号进位太师，兼录并省尚书事、并省尚书令，可谓权倾朝野。史书记载娄睿"外戚而贵幸，纵情声色，家敛无厌"。在古人事死如生的传统葬俗中，娄睿生前纵情声色犬马，死后也陪葬有大量奢侈品供其享乐。

娄睿墓出土釉陶器多采用贴花、堆塑、划花组合技法，形成多层次的立体装饰，增加纹饰的立体感，贴花堆塑最具代表。贴花装饰是太原周边北齐墓葬出土釉陶器普遍使用且最富特色的装饰技法。它是模仿金银器上的锤揲花纹工艺技法，追求金银器和玻璃器繁丽华美的艺术效果。锤揲花纹装饰的金银器当时流行于西域，西域商胡和伎乐在北齐很受统治者重视，西域商胡带入的金银器和玻璃器也为上层贵族青睐，于是金银器装饰技艺移植到北齐陶瓷制作上，

青绿釉划花莲瓣纹盖罐

北齐武平元年（570）
高26.5厘米，腹径22厘米，底径11厘米
1979年山西省太原市王郭村娄睿墓出土

形成一种新颖的装饰效果，让人赏心悦目。

娄睿墓出土釉陶器装饰纹样主要有莲花纹、忍冬纹、凤鸟纹、联珠纹等，还有宝相花、宝珠等充斥着浓郁佛教色彩的装饰形式。这些佛教题材纹样在娄睿墓出土釉陶器上广泛使用，是与北魏以及北齐统治者的崇佛信念密切相关的。北齐高氏政权大力提倡佛教，娄睿本人也是虔诚的佛教徒。据《续高僧传中》记载："齐安东王娄睿，致敬诸僧次至裕前，不觉怖而流汗，退问知其异度，即奉为戒师。宝山一寺裕之经始，睿为施主倾撒金贝，其潜德感人又此类也。"

娄睿墓出土釉陶器青釉贴花灯盏的腹部贴饰四组相间排列忍冬，宝珠和月牙形组成的图案最受关注，有人把它与虞弘墓石椁第二幅石雕中骑马者的冠冕徽记、安伽墓门额中小火坛与礼器、安伽墓石床屏画的《宴饮图》和《会盟图》中篷帐楣饰的日月符号标志相比较，认为这种图案就是祆教新月托日的符号。新月托日是祆教的重要标志，也是萨珊波斯国王皇冠上的徽记。娄睿墓灯盏上与日月符号相配的莲瓣纹、摩尼珠纹、忍冬纹、联珠纹也是祆教墓葬装饰中屡屡采用的，而且时常组合在一起，所以有学者认为这件器物应是祆教祭火的小型火坛。究竟这件精美的陶灯是何用途，需要进一步研究。

一座东安王的墓，众多精美的艺术品，为我们揭示1500年前的佛教艺术和西域文化，也给我们留下无限的遐思，更多的迷仍需我们探索。

（海　青）

北齐青釉印花胡人驯狮图扁壶

胡风有晋韵 青釉生酒香

陶瓷扁壶是携带水、酒等液体的一种陶瓷容器。自东汉以来不断烧造。但胡风扁壶却是与中原扁壶风格截然不同的器型。饱满的异域风情，为陶瓷文化平添一笔别样的风华。

1957年的夏天，在太原市玉门沟车站基建工程中出土了一件精美且完整的青釉印花胡人驯狮图扁壶，经专家鉴定，这是一件北齐时期的胡风扁壶，从造型到题材都弥足珍贵。

此件珍品高28厘米，宽16.5厘米，口径5.5厘米，底径17厘米。口为椭圆形，唇口，短束颈，梨形腹，腹部扁平，高圈足。模制而成，正背面模印相同的纹饰，呈浅浮雕状。腹壁正中站立一胡人，髯发，着窄袖长袍，腰束革带，穿胡靴。右手持鞭，左手轻抚一狮头。身前两侧蹲坐两只狮子，狮子扭首向前，在面带微笑的胡人的抚摸下，凶相全无，温和顺从。在狮子背后，左右各有胡人驯象，扁壶两侧为大象头部特写，壶棱脊充当象鼻，

青釉印花胡人驯狮图扁壶

北齐（550—577）
高28厘米，宽16.5厘米，口径5.5厘米，底径17厘米
1957年山西省太原市玉门沟车站出土

象耳耸在狮头之上。大象丰耳巨鼻，神态安详，有一人手擎宝球置于象头之下。扁壶口部、足壁部分模印联珠纹及莲瓣纹。胎体致密结实，施青釉。

陶瓷扁壶是携带水、酒等液体的一种容器。自东汉以来不断烧造。考古发现数量虽少，但以独特的实用造型，富有历史内涵的装饰，引人瞩目。汉文化与周边多元文化互动是形成扁壶装饰艺术不断发展的动因。东汉三国两晋时期的扁壶是产自南方越窑的青瓷扁壶，装饰古朴简素，传承着本土文化。

北朝时期开始有大量的西域胡人迁居到内地一带，特别是在作为北齐陪都的晋阳（今山西太原）一带，中西文化频繁交融撞击。北方窑场，包括山西地区窑场开始烧造包括陶瓷扁壶在内的有异域风韵的器物，他们模仿西域胡人携带来的承载中西亚文化的金属器，创造出具有强烈西域胡风装饰的釉陶器，而带有异域特征的扁壶，被称为"胡风扁壶"。胡风扁壶从北朝到唐延续400余年，而山西博物院收藏的此件扁壶便是北齐时期的一件珍品。

与此类似的同时期胡风扁壶，在北方一些地方也有出土。可考的有六件：

1986年，宁夏固原原州区粮食局家属院出土一件绿釉扁壶。宽9.5厘米，残高11.3厘米。双耳，腹部饰乐舞图，三人翩翩起舞，中间一人在圆台上舞蹈，周围花树上有乐人伴奏，形象极其生动；

1975年，河北磁县高润墓出土一件绿釉扁壶。高12.5厘米。胎为土黄色，通体施绿釉。直口微敞，肩部有二耳，二耳之间饰联珠纹一周；

1971年，河南安阳范粹墓出土黄釉扁壶四件，形制相同。高均20厘米。形体扁圆，上窄下宽，敞口短颈，颈与肩连接处饰联珠纹一周。两肩各有一孔，作穿戴用。壶身全施黄釉。底部有凝脂状釉珠，釉色不均。该壶正反两面相同的乐舞场面为主题纹饰。内刻画五人一组的乐舞活动形象。

包括山西博物院藏的扁壶在内的几件扁壶，均为釉陶，通体施黄釉或呈色黄绿的青釉，从扁壶周身的联珠纹和胡人形象等，可以看出浓郁的萨珊风格。这种水滴形的壶体造型又与中西亚的胡瓶相近。一些学者认为此器型是在仿烧波斯金属器。

首先，就扁壶上普遍存在的联珠纹而言，这是波斯金属器皿上经常用到的纹饰，这种别具一格的联珠纹图案在我国流行的时间并不长，而且相当集中，它的流行显然是受到外来因素的影响。

其次，扁壶上出现人物、狮子形象。现存的古代文献中，找不到中国产狮的确切记载，历代学者几乎众口一词，肯定狮从西域传入。而波斯对狮的崇拜源远流长，古代波斯艺术中，常见一种人狮搏斗的题材，因盛行于萨珊时代而被称为"萨珊风格"。只是在传入中土后，人狮搏斗改变为人狮和谐的艺术表征。

再次，一些扁壶器身上饰有胡人乐舞图案。其风格一是中亚男性腾跃的舞蹈，二是舞蹈者脚下都有圆毡，说明舞蹈是胡腾舞，这从另一个侧面说明扁壶有鲜明的外来因素。

北朝时期，随着各民族间的迁徙融合和东西方政权的接触往来，中亚、西亚文化艺术随着丝绸之路传入中国。晋阳城作为一个重要节点，各种文化在此撞击融合。中国工匠们广泛吸收了波斯工艺品的造型和装饰特点，并把它们与中国传统陶瓷艺术结合，创造出了既有异域特征又不乏自身民族特色的器物。

（海　青）

北齐徐显秀墓出土嵌蓝宝石黄金戒指

异宝西来

这枚精美的嵌蓝宝石黄金戒指,不仅是徐显秀个人及其家族历史的见证,也是北朝恢宏历史篇章的微观反映;同时,它也印证了北朝时期的晋阳城,不但是抵御北方游牧民族的前沿阵地和主要军事重镇,也是古代丝绸之路上一个重要的节点、一个国际化的大都市。

　　当今社会,无论青年人还是老年人都喜欢佩戴戒指,不同年龄的人和戴在不同的手指上有着不同的含义,它既是美的装饰,更是美好爱情、个性张扬的表达。

　　目前所知最早的戒指来自古埃及。古埃及人通常将所有者的姓名和头衔镶嵌在戒指上,类似印章,用作身份验证。据考古发现表明,中国大约在4000多年前的新石器时代就已出现玉石质、骨质的指环、臂钏。秦汉时期,妇女佩戴臂钏、指环已很普遍。戒指与婚姻联系起来的习俗应该来自域外。汉唐之后,青年男女以赠送指环表达爱慕之情,戒指作为定情信物更加盛行,并一直延续至今。

嵌蓝宝石黄金戒指

北齐（550—577）
内径18.98—16.9毫米，重23.443克
山西省太原市北齐徐显秀墓出土

这枚戒指由黄金戒托、黄金戒环与蓝宝石戒面组合而成，重23.443克，分量和成色十足。经技术鉴定，戒托和戒环的含金量为98.45%，纯度几乎达到我们常说的"足金"；而蓝色的宝石实际是碧玺。大家知道，古代黄金在中原地区是作为珍稀的贵金属来使用的，拥有者往往是等级非常高的贵族。碧玺，又叫猫眼石，蓝色的碧玺更是极为罕见，是碧玺中价值最高的色种。所以，在今天这枚戒指也是价值不菲的。

这枚戒指还透露出神秘的异域风格。戒环造型为一对狮形动物，它们张开大口，咬住了蘑菇状的黄金戒托。狮子是一种生活在非洲与亚洲部分地区的动物，中国并不是狮子的原产国。古代中国的狮子多是由异域进贡而来。中国古代有种动物叫狻猊，据说是龙的九子之一，它的形象实际就是狮子。戒指盘座边缘由一个个小圆珠排成条带，围成一个圆圈，用以包围主题纹样，称之为联珠纹。因为联珠纹、狮子、胡人，这类异域元素是古代中亚、西亚地区经由古代丝绸之路辗转传入我国的，和中国本土的指环风格完全不同。

最引人注目的是蓝宝石戒面上雕刻着的人物图案——他头戴一顶很大的近似狮子头的兽首形头盔，脸庞较窄、深目高鼻。上身穿紧身圆领半袖衫，下身着紧身裤，脚蹬皮靴；两腿一前一后，后腿提起，像在舞蹈，又像是在举行某种特殊的祭祀仪式。尤其是他双手所持的棍棒，透着一股神秘的宗教神话气息，既像是代表权力的权杖，又像是与神灵沟通的法杖。学者认为这枚戒指应是来自西域或是遥远的地中海地区，这个人物形象是古希腊文化中众神之神宙斯的儿子——赫拉克勒斯，也有译为海格力斯。手持棍棒正是西方文化中著名的大力神赫拉克勒斯最典型的形象。在古希腊神话中，赫拉克勒斯是最勇猛的大英雄，很小的时候就表现出过人的神力。据说在他8个月大时，两只毒蛇爬进他的摇篮，竟被他用两只小手掐死了。长大后，赫拉克勒斯精通武艺，他曾解救了被缚的普罗米修斯，还曾隐藏身份参加英雄团队冒险取得稀世珍宝金羊毛，完成了12项"不可能完成的任务"。因此赫拉克勒斯也被赋予推翻暴政、重建和平的文化象征。据此，专家们断定，这枚戒指一定来自西域（中亚，西亚），甚至是更遥远的地中海地区。

这枚戒指的主人到底是谁？他又有着怎样的显赫身世，能拥有这样一件如此精美的嵌蓝宝石黄金戒指呢？

2002年，考古工作者在山西省太原市王家峰村一处果园内发现了一座被盗非常严重的古代墓葬，幸运的是还保留了一些精美而珍贵的文物。根据墓室西南角破碎的墓志盖、墓志铭了解到：墓主人叫徐显秀，他是北朝时期一位能征善战的武将。据《北齐书》《北史》《隋书》和《资治通鉴》记载，徐显秀的青少年时代，是在北部边镇度过的。因为自幼生长在北地，少年豪侠，能征善战。北魏末年，天下动荡，他先投靠枭雄尔朱荣，后又追随高欢，屡建功勋，成为高欢的爱将。高欢建立北齐后，徐显秀成为北齐王朝的开国功臣，官至太尉、拜司空。公元564年，他曾在著名的洛阳保卫战中，"独奋孤挺，遂破百万之师，仍解危城之急"。因为扭转了战局，建立殊功，被封为武安王，成为当时炬赫一时的一方霸主。公元571年，徐显秀在晋阳（今太原）去世，享年七十。徐显秀的墓葬屡经盗扰，多数随葬物品被洗劫一空，这曾让考古工作者们扼腕叹息，幸运地是在清理凌乱的腐朽棺木碎块和淤泥当中发现了这枚嵌蓝宝石金戒指，从这枚戒指指环的孔径大小和磨损程度来看，戒指的拥有者应为男性，而且生前一定常常佩戴这枚戒指。同时出土的还有一枚银戒指。根据学者的综合研究，金戒指应是徐显秀常年佩戴于右手某个手指，而银戒指的主人应当是徐显秀的夫人。

这枚异域风格的嵌宝石黄金戒指出现在山西太原，自有其道理。因为古晋阳（今太原）在东魏和北齐时期被称为"别都""霸府"，是当时军

事政治权力中枢所在,其影响力可匹敌当时的首都邺城(今河北临漳)。除皇帝和皇室成员的陵墓在邺都之外,多数高官都葬在晋阳。徐显秀墓葬中还发现了目前北齐时期最完整的墓葬壁画,壁画中的 200 多个人物形象大多鼻梁高挺、毛发浓密,衣着服饰及花纹样式都有着明显的异域风格,在侍女的长裙与马鞍袱上多次出现菩萨联珠纹,从另一个侧面也反映出当时中西文化交流的频繁与密切。

1400 多年前的晋阳不但是当时王朝的政治、文化、军事中心,更是中土与西域诸国文化交汇融合之地。当时的中国与西方贸易交流频繁,西域胡商常常携带珠宝首饰,跋涉万里来中原进行贸易。山西成为众多胡人、胡商的聚集聚居之地,还有专门管理胡人事务的萨宝。这枚戒指应该是由一位来自古代中西亚的西域胡商携带来到中原,把这件源自古希腊罗马的

北齐徐显秀墓室北壁壁画

嵌蓝宝石黄金戒指作为礼物送给徐显秀,希望与之交好。古希腊神话中的大力神赫拉克勒斯是否象征了北齐最勇武的将军徐显秀协助高氏集团推翻暴政、重建和平,其中暗含的深意我们不得而知。但是徐显秀对这枚制作精美、充满异域风格的蓝宝石金戒指极为喜爱,常戴于右手,陪伴他戎马一生,直到另一个世界。

这枚精美的嵌蓝宝石黄金戒指,不仅是徐显秀个人及其家族历史的见证,也是北朝恢宏历史篇章的小小反映;同时,它也印证了北朝时期的晋阳城,不但是抵御北方游牧民族的前沿阵地和主要军事重镇,也是古代丝绸之路上一个重要的节点、一个国际化的大都市,它在胡汉之间、西方与东方民族之间的文化交流融合的历史进程中发挥了巨大的作用!

(李　惠)

虞弘墓汉白玉石椁

长眠中土的洋人

曾有这样一位传奇人士：自13岁起，任茹茹国（柔然）高官，曾出使波斯、吐谷浑等国，后出使北齐时，被留任官。经北齐、北周和隋三代，历任显职。北周曾任"检校萨保府"，职掌入华外国人事务。这是一位经历和身份都比较特殊的外籍官员，他就是虞弘。

虞弘墓是 1999 年全国十大考古新发现之一、中国 20 世纪百项考古发现之一，是我国第一座经过科学发掘、有准确纪年并有着完整丰富中亚图像资料的墓葬。其汉白玉石椁上雕刻图案中的人物服饰、器皿、乐器、舞蹈内容以及花草树木，均取材于波斯和中亚诸国，有些画面有明显的祆教内容，是我国目前发现的反映中亚古国和东西文化交流最集中、最丰富、最珍贵的实物资料，是研究北朝至隋中西文化交流的重要依据。而这一切，要从 1999 年的一次意外发现说起……

1999 年 7 月，太原市王郭村的村民，在修整村南边的一条土路时，意外触到一块坚硬而且巨大的石板，顺着石板四缘挖开，发现用砖砌成的

虞弘墓石椁

虞弘墓汉白玉石椁
隋·开皇十二年(592)
山西省太原市王郭村出土

虞弘墓石椁发掘现场

四道墙壁，村民立即将此发现报告给晋源区文物旅游局。晋源区文物旅游局领导闻讯赶到现场，组织人员保护，并将此事上报省、市有关部门。省文物局组织了由山西省考古研究所、太原市考古研究所、太原晋源区文物旅游局组成的联合考古队，对墓葬进行清理。而这里，距离著名的北齐东安王娄睿墓发现地仅仅600米。

经过连续的考古发掘奋战，确认这座墓葬盗掘和破坏严重，出土随葬品并不算多，最重要的出土物就是一套硕大精美的、如同传统木结构建筑的石制构件。它的外观呈仿木构三开间、歇山顶式殿堂建筑，由长扁方体底座、中部墙板和歇山顶三大部分组成。每一部分又由数块或十几块汉白

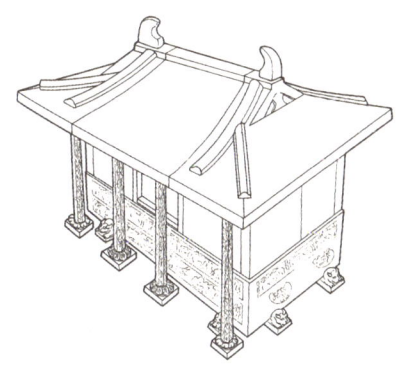 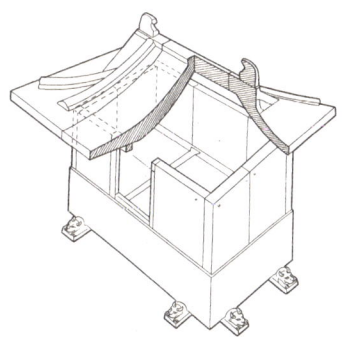

虞弘墓石椁线图　　　　　　　石椁结构示意图

虞弘墓汉白玉石椁椁身椁座

虞弘墓志盖

玉石组成。顶部由三块汉白玉石组成，总长295厘米、宽220厘米、高51厘米；石椁中部由九块高96厘米、厚12.5厘米、宽47—102.5厘米的汉白玉石板构成。经测量，石椁中部总长为246厘米、宽137厘米、高96厘米；石椁下部是底座，底座先用前、后、左、右四块汉白玉石板组成框架，上架两根汉白玉石梁，梁上又铺六块汉白玉石板，组成底座面。底座下四周各有两个石狮头底座。

以往的考古经验告诉人们，隋唐时期，仿照建筑歇山顶的墓椁仅出现于当时皇室成员墓中，并且一般使用的都是当地较普通的石材。然而，这座石椁竟然采用了上等的汉白玉——经过研究认为，这种石材应产自于河北沧州。是什么人，值得山西人从数百里外运回这十几吨重的上好石料，为其制作如此高规格、金碧辉煌的棺椁，让其风光大葬呢？

埋藏于石椁底部的墓志，为我们揭开了墓主人的神秘身份。墓志上有"大隋故仪同虞公墓志"9个篆字，以及200多个隶书志文和楷书铭文。男主人虞弘，字莫潘，粟特族，西域鱼国尉纥驎城人。13岁任柔然高官，代表柔然出使波斯、吐谷浑等国，具有协调与沟通国与国之间政治、经济、文化交往的才干，是粟特人中优秀的外交家。出使北齐时，留居晋阳。在此期间，他除了进行商贸活动和管理粟特人聚落之外，还在北齐、北周、隋朝为官司职，历任直突都督、轻车将军、凉州刺史、仪同大将等。虞弘曾长期任"检校萨保府"一职，是当时掌管入华外国人事务的重要官员。隋朝更是拜仪同三司，成为中央政府直接任命的外事专员。隋开皇十二年

（592）去世，时年59岁，隋文帝杨坚特许他使用上等汉白玉制作棺椁。

"鱼国"究竟是一个什么样的国家，处于什么位置？

学者们遍阅中外史料也未能找到关于"鱼国"的任何记载。更令人不解的是，在石刻墓志中所有出现"鱼国"的地方，"鱼"字都有明显的被修改过的痕迹。这又是为什么呢？面对层层疑问，无数的学者都试图找到答案，许多中西亚的学者亲赴山西太原，试图求证墓主人的民族渊源。关于"鱼国"的讨论至今仍未有确切定论，但毫无疑问的一点是，虞弘墓石椁是一座精美绝伦的艺术品！

虞弘墓石椁四周布满精美的浅浮雕，由54个单体图案组合而成，图案内容丰富，所有的人物都是深目高鼻，绝非中原人种，这座沉睡了1400多年的隋代墓葬，犹如一座大型的宝库，华丽而神秘地散发出浓浓的异域风情……

石椁浮雕、彩绘图案四面全部向外，分上下两层，共29幅。正面及左右为浮雕彩绘，后面仅彩绘未浮雕，但色泽艳丽，内容丰富。主要为《狩猎图》《饮酒图》《乐舞图》等。在《狩猎图》中，多为骑马、骑象、骑骆驼搏杀狮子的画面。图中的人物应当属地中海高加索人种，其中包括突厥人、粟特人等。人物服饰、器皿、乐器、舞蹈以及花草树木等，均源于波斯与中亚诸国，典型的有绶带鸟、绶带马、胡腾舞和带端为扇形的飘带，波斯、中亚文化色彩非常浓厚突出。比如一些马的尾巴，被编织成蝴蝶结，极具浪漫的气质与风采，这也是典型的波斯风格装饰。

《宴饮图》

《宴饮图》局部 胡腾舞

    在石椁正面中部，是尺幅最大、人物最多的一幅画面——《宴饮图》。只见毡帐内的矮榻上，坐着一男一女。男子头戴日月冠，冠后有两条长达臂肘的飘带，深目高鼻，右手端着一只多曲碗，举于胸前，目光温和地平视着对面的女子。女子面对着他，屈腿坐于平台上，头戴花冠，身着半臂裙装，左手放于左膝，右手前伸，举一高足杯，陪男子饮酒。在二人后侧各有两名男女侍者，随时准备侍奉。在他们的前方两侧，乐师们手持琵琶、箜篌、束腰鼓等乐器正在演奏，一名男性舞者单脚踏小圆毯，飞快旋转，这应当就是虞弘最喜欢的"胡腾舞"。

　　胡腾舞起源于西域，大约在北朝后期，胡腾舞就已传入中原，是西域典型的男子独舞。舞蹈动作以急速旋转和跳、腾、踏、蹴为主，运用了西域舞蹈常用的蹉步、移步、碎步、踏步、跺步等以及腾跃技巧，面部表情是"扬眉动目"，身段是"反手叉腰"、弓如弯月，脚下"双靴软弱""环行急蹴"，整个舞姿呈现出"东倾又西倒"的狂欢情趣。西域胡人的舞姿，都具有胡腾舞的某些特点。

　　在唐代，胡腾舞盛极一时。

　　中唐刘言史《王中丞宅夜观舞胡腾》诗中描写了胡腾舞：

　　石国胡儿人少见，蹲舞尊前急如鸟。

　　织成蕃帽虚顶尖，细氎胡衫双袖小。

　　手中抛下蒲萄盏，西顾忽思乡路远。

　　跳身转毂宝带鸣，弄脚缤纷锦靴软。

　　四座无言皆瞪目，横笛琵琶遍头促。

　　乱腾新毯雪朱毛，傍拂轻花下红烛。

　　酒阑舞罢丝管绝，木槿花西见残月。

　　中唐另一位诗人李端的《胡腾儿》诗对此舞有更深的描绘：

　　胡腾身是凉州儿，肌肤如玉鼻如锥。

　　桐布轻衫前后卷，葡萄长带一边垂。

　　帐前跪作本音语，拾襟搅袖为君舞。

安西旧牧收泪看,洛下词人抄曲与。
扬眉动目踏花毡,红汗交流珠帽偏。
醉却东倾又西倒,双靴柔弱满灯前。
环行急蹴皆应节,反手叉腰如却月。
丝桐忽奏一曲终,鸣鸣画角城头发。
胡腾儿,胡腾儿,故乡路断知不知?

  这两首诗绘声绘色,把胡腾舞的舞姿、步态、表演者的激情和高超技巧、观看者的感动及与西域舞者的艺术交流以及产生的震撼和影响,表现得生动形象、淋漓尽致。

《宴饮图》局部 武士猎狮

《采摘葡萄酿酒图》

回到《宴饮图》的画面下方,一场惊心动魄的角斗正在上演:两位勇士正在与狮子搏斗,就在狮子张开血盆大口咬住勇士脑袋的瞬间,利剑也即将刺穿狮子的胸膛!整个画面惊心动魄,十分惨烈。

左壁前部的浮雕画面中,有一组生动的《采摘葡萄酿酒图》。在有围栏的六角台上,三名胡人勾肩搭背,以脚踩方式挤葡萄以得到原汁供以酿造葡萄酒,台下二人怀抱酒坛,一派节日欢乐的场面。这说明当时山西地区广泛分布有葡萄种植区,饮用葡萄酒已经成为贵族的一种时尚。北朝晚期,葡萄酒酿造业已经成为山西地区

祆教火坛

一项重要产业。

　　值得一提的是，在椁座前居中雕绘着一幅两个人首鹰身者抬着一个火坛的图案。火坛是一个束腰形祭坛，燃烧着熊熊火焰。波斯萨珊王朝信奉的琐罗亚斯德教（即祆教），崇拜太阳、光明与火，圣火祭坛是祆教礼仪的象征，说明墓主人生前崇拜祆教。

　　虞弘墓出土的汉白玉石椁、彩绘浮雕等，以浓厚的异域风情、鲜明的文化特色、高超的艺术水准和重要的历史价值震惊中外，充分说明在北朝到隋唐时期，山西是中西文化交流的热点地区。

（刘　琳）

胡人吃饼骑驼俑
驼背上的美食

北魏是表现骆驼形象的第一个高潮，随着丝绸之路的繁荣，骆驼成为当时最得力的行旅坐骑和运输工具。然而，中外借由骆驼互通的仅有宝石、香料、玛瑙或是丝绸、瓷器、茶叶吗？

"少所见，多所怪，睹骆驼，谓马肿背。"撰写于东汉末年的《理惑论》记载着这样的民谚，讲的是中原百姓对骆驼很陌生，说那是肿了背的马，"少见多怪"这个词也就由此流传下来。

西汉著名史学家司马迁在《史记·大宛列传》中写道："然张骞凿空，其后使往者皆称博望侯。""空"，同孔，"凿空"，即凿孔，是说张骞出使西域，打开了一条东西方交流沟通之路，使双方都互有了解，这就是我们熟悉的丝绸之路。自西汉丝绸之路畅通后，中外商队频繁往来于丝路，尽管马、驴、骡、牛在丝路商队贸易中都起到重要作用，但作为丝路上载物负重和穿越茫茫沙漠戈壁的最主要交通工具，骆驼成为丝绸之路上最具

胡人吃饼骑驼俑

隋·开皇十五年（595）
高45.7厘米
山西省太原市沙沟村斛律彻墓出土

胡人吃饼骑驼俑 局部

代表性的象征符号,在我国北朝至唐代的壁画、塑像中频频出现骆驼的形象。尤其是北朝时期,随着丝路商贸的日渐繁盛,在山西平城(今大同)、晋阳(今太原)一带的贵族墓葬中,千姿百态的陶骆驼俑成为墓葬中的一道靓丽风景。

这件胡人吃饼骑骆驼俑出土于太原,骆驼体格健硕、神态生动,它曲颈昂首,张口做嘶鸣状。骆驼背上满载货物,还有一个胡人坐在货囊上。他头戴圆顶毡帽,身穿圆领窄袖长袍,腰系带,左手半握,原本应当手中拿着什么。有趣的是,他右手拿着一张饼,正美滋滋地咬下一大口,双眉舒展、两眼微闭,那满脸的笑意仿佛告诉我们,那是世间最美味的食物。

究竟是怎样的美味,才能让人如此心满意足呢?按照文献中的说法,西北各少数民族部族、中西亚甚至欧洲各民族人统称为"胡人",他们的饮食常被冠以"胡"字,称为"胡食"。这位骑骆驼的老兄手里拿着的,应当就是典型的胡食——"胡饼"了。

胡饼,即烧饼、炉饼,为西域各国日常食品,是典型的胡食。胡饼通常是用纯面粉制作,但也有加羊肉馅的。由于胡饼香酥可口、易于制作、便于携带、能够长久保存,由此成为往来丝绸之路上的商旅行人的最佳食品。《太平御览》中记载,东汉末年,李叔节兄弟"作万枚胡饼犒劳吕布军队",从这些记载及传说中可以看出,汉朝时胡饼就已经很流行。魏晋南北朝时,不仅北方人食胡饼,南方也普遍吃胡饼。《晋书》记载王长文"于成都市蹲啮胡饼",这段记载说明胡饼已流行到了西南地区。而《晋书》也有"王羲之独坦腹东床,啮胡饼,神色自若"的记载。

往来于丝绸之路的胡人,发挥着经商天赋,有的还在华结婚生子长期居住不再回国。他们把故乡的饮食、服饰、乐舞、风俗、宗教等传播到中原,特别是当时的国际大都市平城和晋阳,导致胡人的生活方式与习俗逐渐影响到社会各阶层。这件陶俑就生动展现了胡商不辞万里往来丝路的一个有趣的片段。

根据研究,骆驼俑背上所载的物品主要是宝石、香料、玛瑙,返程则满载丝绸、瓷器、茶叶等货物,以及商队在旅途中必不可少的生活用品,如帐篷和水壶等。但是更有趣的是,借由骆驼,来自西域的饮食在历史上也有数次内传高潮,从皇帝到臣民都没有抵挡住这样的诱惑,纷纷做了胡食的俘虏。比如我们今天常见的甜瓜、西瓜、黄瓜(胡瓜)、大葱、胡萝卜、大蒜(胡蒜)、番核桃(胡桃)等,它们不仅丰富了高高在上的统治者的生活,大多也为下层人民带来了实惠,流泽直至今日,充实了人们的口味。这种传播对中国饮食文化的发展起到了明显的推动作用,使它不断更新,不断完善。

穿梭于沙漠与绿洲之间的驼队,不仅仅是丝绸之路的标志,还走出了一条世界美食之路。茫茫的沙漠戈壁,悠扬的阵阵驼铃声,带来了包括佛教在内的宗教、礼俗、文化、艺术等,对中国这个东方古国的精神文化生活产生了深远的影响。而那些从西域传入的物产则大都与饮食有关,这种交流对人们的物质文化生活也同样产生了深远的影响。

北朝时期，平城（今大同市）和晋阳（今太原市），作为当时的政治、经济、文化中心，吸引无数胡商牵引骆驼千里迢迢云集于此。山西境内的北朝墓葬中，出土了许多外来器物，如鎏金银高足杯、银碗、八曲银洗、波斯银币、金镶嵌宝石戒指等。这些都充分显示出，北朝时期丝绸之路与山西的重要关系。

（刘　琳）

菩萨立像

盛唐气度

佩带华美璎珞的菩萨,上身半裸,细腰微斜,薄纱透明,婀娜多姿,妩媚动人。一个时代的自信与高贵美尽显无遗。活泼宛转的线条、坚实有力的造型、缤纷迷眩的色彩交相辉映,异域艺术风格、中国传统审美要素与盛唐开放气度完美地糅合融通,奏出了盛唐雕刻艺术的最强音。

佛教自两汉传入中国以来,在汉化过程的初期与中国本土文化发生了强烈的矛盾与冲突,到隋唐时期融合的进程加速,达到中国佛教文化、艺术、哲学的鼎盛时期,对中国传统文化产生了巨大而深远的影响。

有唐一代,除唐武宗之外,各位皇帝都信奉并尊崇佛教,宗教也成为政府最主要的统治工具之一。在这个历史背景下,佛教及其艺术得到了空前的发展,建寺、凿窟、译经、造像不可胜数。盛唐是中国雕塑艺术上的鼎盛时期。这时期,无论是佛教教义的发展,还是佛教造像、佛教艺术,都出现了民族化、世俗化的新面貌。雕刻技法的成熟,使佛教造像能充分反映现实生活中各种美,佛和菩萨已不再是千篇一律的模式化面孔,而是

菩萨立像

唐（618—907）
通高112厘米
征集于山西省晋中市太谷县白城村

具有了不同的容貌与神韵，散发着强烈的美感。一般来说，菩萨在古印度佛教中为"勇猛丈夫观自在"的男子形象，流传到中国后，随着信仰的深入人心，菩萨逐渐转为温柔慈祥的形象。尤其观音菩萨是大慈大悲菩萨，救度一切众生，如慈母爱自己的儿女一样。所以唐代佛教中观音出现女身，装束则是古代印度和中国贵族妇女的结合体。

这尊菩萨立像为青石质，菩萨佩戴着华美的璎珞，上身半裸，细腰微斜，下着一件低腰的束带裙，紧贴臀部和双腿，伴随着身体的扭动飘然下垂，薄纱透明，肌肤隐约可见，更显得婀娜多姿，妩媚动人，从轻软的帔巾、华丽的胸饰和贴体的薄裙都显示出优美和谐的线条，从而把菩萨的丰腴躯体和婀娜的身姿衬托得更加富有魅力，这正是北朝晚期典型"曹衣出水"式雕刻技法的进一步发展。唐代佛教雕塑在线条的运用和衣纹的处理上既具有装饰美感,又不至于破坏佛像端庄肃穆的整体效果。线条的韵律还蕴含于雕像的身姿上。虽然头及双臂已经残缺,但肩、胸、臀、胯极力扭动,双腿交错而立,形成优美的S型曲线,富有动感和灵性,突破了北朝佛教造像的拘谨呆板,这是唐代菩萨造像的另一大特点。

因为独特的宗教信仰,佛像和菩萨像在佛教造像中占很大的比例,从这两大类造像上我们可以清楚地了解一个时代的风格特征,从中也能充分反映出一个时代的审美情趣与美学追求。

细细观察,会发现菩萨像局部还有彩色颜料的残留。中国雕塑具有上彩的传统。从新石器时期彩陶、两汉画像石(砖)、战国漆盒彩绘、唐三彩等,色彩一直是雕塑艺术的主旋律。唐代彩塑常用颜色主要有石青、石绿、朱砂、土红、金、黑、白等。由于颜料多是从矿物中提取而出,因而颜色鲜丽、经久不变。根据不同的人物形象,施以不同颜色。菩萨像多涂白色"相粉",以示肌肤莹洁,素面如玉;天王、弟子则涂成红色或赭红色,唇涂朱红,衣饰青绿。从着色风格上看,唐代佛教造像较前代更加明亮、华丽,描金画彩,富丽堂皇,充分体现出盛世大唐的繁荣景象。在装銮技巧上,彩塑佛像由初步地能描绘出现实人物衣服质料的各色纹样,进而能充分地描绘出各色各样的衣服质料,而且又能以沥粉堆金来装饰雕像细部。我们可以遥想,这尊菩萨玉面红唇,肌肤白皙,肩披土红色帔巾,腰缠石绿色纱裙,石青色点纹满缀其间,再饰以重彩描金的峨冠和璎珞,如此绚丽斑斓,光彩照人。

事实上，在中国雕塑历史中，绘与雕从未分离，"雕"使"绘"的线型表达趋于真实，"绘"使"雕"的立面造型更加流畅。绘、雕结合的特点，经历新石器时代彩陶、商周青铜器、汉魏北朝时期的陵墓壁画石刻等艺术形式，到唐代佛教彩绘雕像达到历史的高峰。公元 7 世纪前后，佛像中崇高的悲愿与激情，逐渐稳定下来，转为现世的喜乐；光彩夺目，深情怡悦的菩萨、飞天，以及金碧辉煌、装饰华丽的殿宇楼阁，展现着一个文明华美的大唐盛世的到来。

唐代社会经济繁荣，人民生活富足，崇尚丰腴之美，佛教造像也是如此。蛾眉丰颐、细骨丰肌、体态丰满正是社会崇尚的"丰"美的真实写照，是时代所具有的富丽堂皇、雍容华贵在艺术上的注解。这尊菩萨像将唐代贵妇人那种自信与高贵的美尽显无遗，活泼宛转的线条、坚实有力的造型、缤纷迷眩的色彩交相辉映，异域艺术风格、中国传统的审美要素与盛唐的开放气度完美地糅合融通，奏出了中国雕塑艺术的最强音。

（姚　香）

白釉人首执壶

胡瓶马上驮 美酒胡姬劝

白釉人首执壶,高31.2厘米,底径7.7厘米。鸟喙形口,束颈,卵形腹,高足。壶腹一侧贴饰花叶茎干,另一侧置一宽带形柄,柄与壶口连接处堆塑一人头。通体施白釉,釉色黄白泛青,釉面较亮。施釉至足,足底无釉。此白釉人首执壶造型独特,为人瞩目。

山西博物院藏此件白釉人首执壶,于1965年在山西省太原市石庄头出土。其样式与日本奈良正仓院保存一件银平脱漆瓶相似,而银平脱漆瓶在天平胜宝八年(756)的《东大寺献物帐》上明确称之为"漆胡瓶一口"。由此我们可知这件白釉人首柄壶在唐代被称为"胡瓶"。

胡瓶在中国古代文献典籍中有许多记载,最早可以追溯到魏晋南北朝时期。《西域记》记载:"疏勒王致魏文帝金胡瓶二枚,银胡瓶二枚。"(见《太平御览》)。《前凉录》记录前凉张轨时期(255—314)"西胡致金胡瓶,皆拂菻,奇状,并人高,二枚"。(见《太平御览》)唐代的史书中多有提及"胡瓶"。如《通鉴释文·辩误》卷九:"唐太宗赐李大高胡

白釉人首执壶

唐（618—907）
高31.2厘米、底径7.7厘米
1965年山西省太原市石庄头出土

瓶";《旧唐书·李大亮传》:"今赐卿胡瓶一枚,虽无千镒之重,是朕自用之物";唐中宗李显的《赐突厥书》言:"可汗好心,远申委曲,深知厚意,今附银胡瓶盘,及杂彩七十匹,至可领取";唐人姚汝能《安禄山事迹》记载:天宝九载(750),唐玄宗赐安禄山"金靸花大银胡饼四",安禄山则献"金窑细胡瓶二"。由此可见,胡瓶在唐代上层社会广为流行,而且多为皇室贵族使用。

  胡瓶的使用也见于考古资料,考古发现的"胡瓶"多为金属材质。

  1983年在宁夏固原县(今原州区)南郊乡深沟村发掘的北周柱国大将军大都督李贤夫妇合葬墓中出土的鎏金银壶,是目前我国出土时间最早的"胡瓶"实物。此壶长颈,鹤嘴状流,上腹细长,下腹圆鼓,单把,高圈足座,壶把两端铸有两个胡人头像,壶颈腹相接处焊一周13个突起的圆珠,形成一周联珠纹饰,可见焊接痕。壶腹与高圈足相接处也焊一周11个突起的圆珠,形成一周联珠纹饰;足座下部饰一周由20个突起的圆珠组成的联珠纹饰。壶身部分锤揲一周人物图像,共

李贤夫妇墓鎏金壶

有6人,分3组,男女相对,具有故事性和连续性。

内蒙古敖汉旗李家营子也出土一件银胡瓶,鸟嘴式口,束矮颈,扁圆腹,高圈足,圈足底边有一匝联珠纹,柄的上端和口缘相接处有一胡人半身像,胡人深目高鼻,有八字须,短发向后梳。经专家学者研究,此壶为初唐至高宗时期(618—683)的器物。

此外,在陕西西安北郊发掘的北周安伽墓,墓中围屏石榻雕刻图像中有侍者手执的"胡瓶",也有置于地面上的"胡瓶"。

在北周史君墓,墓中石椁浮雕上也雕刻有数件"胡瓶"。

太原隋代虞弘墓雕刻的《宴饮图》上有形制硕大胡瓶,墓中还出土一男侍俑怀抱一胡瓶。

盛唐时期,丝绸之路的畅通,使得中西方贸易更加繁荣,大唐帝国国际化程度达到空前的高度。中西文明交汇碰撞,中国传统文化渐渐渗入了外来文明,不仅中国传统的艺术表现形式出现变化,生活方式也悄悄发生改变。胡瓶的使用更为常见。

史君墓石椁浮雕上的"胡瓶"

唐诗里也有胡瓶的记录，王昌龄《从军行》之六："胡瓶落膊紫薄汗，碎叶城西秋月团。明敕星驰封宝剑，辞君一夜取楼兰。"顾况《李供奉弹箜篌歌》中有"不惜千金买一弄。银器胡瓶马上驮，瑞锦轻罗满车送。"卢纶《送张郎中还蜀歌》中也有："垂杨不动雨纷纷，锦帐胡瓶争送君。须臾醉起箫笳发，空见红旌入白云。"

唐代胡瓶盛行与唐人酒文化分不开，在唐文献和唐诗中有许多宴饮描写。而西域商人除做珠宝杂货生意外，经营酒肆也是其主要行业，"胡姬当垆""胡姬劝酒"已成为极具时代特色的文化景观。因此，作为西域饮酒器具的胡瓶也流行开来。《通鉴释文·辩误》卷九有记："（胡瓶）盖酒器也，非汲水器也。今北人酌酒以相劝酬者，以曰胡瓶，未识其规制与太宗之胡瓶合乎否也。"说明胡瓶作为酒器在唐代应用非常广泛。

但金银质胡瓶属贵重物品，非大众能拥有。唐人以很高的艺术修养，在欣赏西方艺术的同时，把它改造成了适合中国人使用的创新产品，既体现了对异域文化的取舍和改造，也自然融入了东方的审美情趣，演变为新的样式并用陶瓷制作来满足广泛的社会需求，走进了寻常百姓家，使胡瓶成功地得以推广。陶瓷质胡瓶也零星发现于一些唐代墓葬中，在唐墓壁画中就有不少描绘陶瓷质地胡瓶。陶瓷质地胡瓶实物资料最著名的就是故宫博物院收藏的青釉龙柄凤首壶，整个壶的造型富有浓郁的异国情调，壶的口沿和壶盖结合处雕塑成一高冠、大眼、尖嘴的凤头，全身堆贴着各种瑰丽的纹饰，有舞蹈的力士，有精美的宝相花，花纹的周围还堆贴联珠、葡萄、莲瓣等图案。壶身的一侧由口沿至底部连接着一生动活泼的螭龙柄。它吸收了波斯地区流行的胡瓶式样，又融合了中国本土的风格，用龙凤作为装饰而形成一种新型的瓷器样式。

　　太原市石庄头出土的这件人首执壶与墓葬出土金银制胡瓶相比较，不难看出，其共有的造型为：鸟嘴形流口、束颈、高足、扁圆的卵形腹以及柄端堆塑着人首的长柄等，仍保留有许多金银质胡瓶的造型特点，有鲜明的时代特征，说明这件白釉人首柄壶烧造时间不应晚于盛唐时期。这件白釉壶造型优美、工艺精湛，堪称研究中外文化艺术交融以及北方瓷器烧造工艺的宝贵实物资料。

（海　青）

北宋《开宝藏》
全世界最珍贵的宋版藏经

宋代《开宝藏》既是我国历史上第一部官方主持版刻印刷的大藏经,是中国古代印刷技术史、版本学珍贵的实物资料,又是研究中国古代哲学、历史、语言、文学、艺术、音韵、天文、地理、历算、医学、建筑、绘画、科技、民族等诸多领域的百科全书,是中国乃至全世界最为珍贵的历史文化遗产。

  佛教于两汉之际传入中国后,作为佛教思想的载体——佛经也随之陆续传入。佛教经典统称藏经,俗称佛经,也叫《大藏经》,一般由经、律、论三部分组成。"经"是指佛祖释迦牟尼亲口所说,由其弟子所集成的法本。"律"是指佛陀为其弟子所制定的戒条。"论"是佛陀的弟子们在学习佛经后所得的心得。这些经典经过历代的翻译、流通,数量日益增多,在漫长的历史岁月里,佛教典籍与佛教义理一起经历风雨洗礼,最后汇集、编纂成"藏",卷帙浩繁,形成中国特有的佛教大藏经。大藏经虽是汉文佛教典籍,却是涉及哲学、历史、语言、文学、艺术、音韵、天文、地理、历算、医学、建筑、绘画、科技、民族等诸多领域的百科全书。

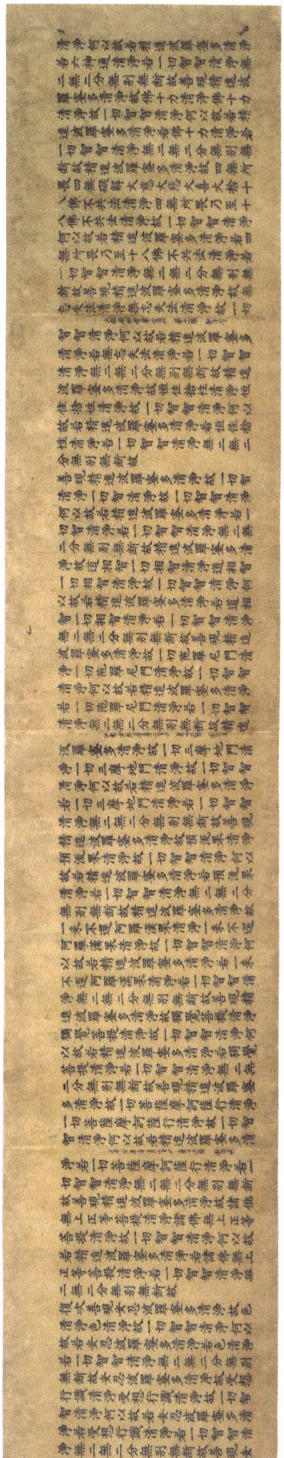

开宝藏——大般若波罗蜜多经

北宋（960—1127）
黄麻纸，印刷
通长1205.9厘米
每纸23行，行14字

北宋初年的《开宝藏》是我国历史上第一部官方主持版刻印刷的大藏经，是以唐代著名高僧三藏大法师玄奘自天竺（古代印度）取回的梵文经卷的中文译本为基础。此后，还经过三次比较重要的校勘修订和不断增入宋代新译及《贞元释教录》入藏的典籍，形成三个不同的版本：咸平修订本、天禧修订本、熙宁修订本。

这卷《大般若波罗蜜多经》是宋版《开宝藏》开宝五年刻、元符三年(1100)印本，卷二百六，卷首残，版首刻经题、版数、帙号等；通长1205.9厘米，卷末有雕造年月干支题记。卷末有"大宋开宝五年壬申岁奉雕造陆永印"一行，又木记"同登觉岸时皇宋元符三年岁次庚辰八月四日庆记"一行可为此卷刊印时间的佐证。经卷为宋代官方文书用黄麻纸精工印刷，每纸23行，行14字，纸幅长48至48.5厘米，纸幅高29.5厘米，全卷书品上佳，墨色均匀，亮如点漆，字体雄伟、轮廓分明、朴拙清晰。然而，这仅仅是卷帙浩繁的《开宝藏》中的只鳞片爪。

佛教自汉代传入中国，至隋唐之际，举国上下对佛教的信奉几乎达到了狂热的地步，对佛教典籍的大量需求促进了印刷术的发展。中国的雕版印刷最早起源于何时，学术界尚在研究。根据有关史料记载，唐代早期，雕版印刷术已经出现。但当时的雕版印刷尚处于初步阶段，多数经典依然是传统的手抄本。抄写作为一种复制图书的方法，不仅费时费力，而且容易出现错漏，在短时间内也很难传抄出大量复本，这已无法满足当时社会的需要，尤其不能满足佛教传播教义的迫切需求。基于这一矛盾，在当时的寺院里，佛教徒们进行了各种各样复制佛经的探索与尝试。经历五代十国，雕版印刷取得较大发展，开始利用雕版印刷技术刻印儒家五经。北宋是我国雕版印刷极速发展的时代。都城汴梁国子监、印经院等官府刊印书籍盛极一时；民间印造文字也迅速兴起。宋太祖开宝四年（971）政府命张从信以《开元释教录》入藏经目为底本，在益州（今四川成都）雕造佛经全藏，至宋太宗太平兴国八年（983），历时13年完成，共计雕版13万块，480帙，5048卷。因为开宝年间开始刊刻，后世遂称《开宝藏》，因其开雕地点在今四川成都，又称为"蜀版大藏经"。

宋代雕版印刷技术已臻成熟，无论书写还是刻印都相当精美，形成鲜明的时代特征，并为后代所推崇效仿。宋代雕版印刷中心有三个，分别是杭州、四川和福建。杭州刻本称为"浙本"，四川的刻本称为"蜀本"或"川本"，福建的刻本称为"闽本"或"建本"。宋蜀刻本数量多，流传广，校勘精，内容可靠，还具有板好、字好、墨好等优点。世人称"宋时蜀刻甲天下"。当时的蜀地（四川成都地区）社会相对稳定、社会经济发达，名僧大多入川传法，四川在当时全国的佛教地位较高。而且，蜀中精良的造纸业和印刷业也为印制《开宝藏》打下了良好的物质基础。蜀中生产的纸分黄、白麻纸，是用楮皮制成，亦称楮纸。当时公私簿书、文牒、契卷、书籍，多用这种纸书写。蜀中生产的麻纸质地优良，光滑缜密，经久耐用，被朝廷定为官方用纸。比如赦书、德音、立后、建储、大诛讨、免三公、免相、命将等公文用白麻纸，诸如慰军旅等官府文书都用黄麻纸。

这些情况都为《开宝藏》在蜀的雕印打下了深厚的物质基础。

宋朝政府对佛教采取保护政策，认为佛教"有裨政治"，在全国范围内大肆兴建寺院，尤其是五台山、天台山等地最为繁盛。对于反对佛教的人多以"非毁佛教，诳惑百姓"的罪名发配充军。由此，宋朝初期全国僧侣数量由六万八千人猛增到二十四万人，至宋真宗时增加到四十万人。同时宋朝统治者对儒、释、道的矛盾进行调和，如宋真宗赵恒竭力宣扬佛教与孔孟"迹异而道同""释道二门，有补世教""三教之设，其旨一也"。《开宝藏》这项规模宏大的工程，在当时影响颇大。周边各国及国内边远的诸多少数民族政权均派使者来讨要。北宋政府曾多次赐给高丽、日本、西夏等国和一些少数民族政权《开宝藏》印本，他们又都依据《开宝藏》为底本，雕造了《高丽藏》《日本藏》《契丹藏》《西夏文藏经》等，金代又刊刻了《赵城藏》。因此宋代《开宝藏》被后世称为雕印本大藏经的鼻祖。

《开宝藏》是我国第一部用木版雕刻的佛教大藏经，全藏五千余卷，对后代汉文版佛教大藏经影响深远，又以其字体秀美，刻印精良，版面壮观而著称，被后世称为宋版的精品之作、雕版印刷的楷模，研究价值极高。然而这部卷帙浩繁的祖本藏经在北宋末年靖康之变（1127）时，尽为金人掠去。全藏早已散佚殆尽，迄今能见到的残卷亦寥寥无几，弥足珍贵。据有关文献及研究统计，全世界范围内仅存14卷，其中国内藏10卷，日本藏4卷。单卷较为完整者也仅剩12卷，分别藏于中国国家图书馆、上海图书馆、山西博物院，成为各馆的"镇馆之宝"。

宋代《开宝藏》是研究中国古代哲学、历史、语言、文学、艺术、音韵、天文、地理、历算、医学、建筑、绘画、科技、民族等诸多领域的百科全书，是我们中国乃至全世界最为珍贵的历史文化遗产。

（姚　香）

二十四孝陶塑

看中国孝道

二十四孝陶塑故事题材丰富,人物刻画栩栩如生,制作技艺高超娴熟,先用泥土捏制成基本造型,然后再进行表面雕刻,最后入窑焙烧而成,是我国民间传统手工业的艺术佳作。

　　《二十四孝》是元代郭居敬辑录了古代二十四个孝子的故事编撰而成的,后来成为宣扬封建社会孝道的通俗读物。虽然《二十四孝》的最初目的是维护礼教,但是作为中华民族的传统美德之一,"孝"还是值得我们提倡学习、继承和发扬的。"孝"是儒家伦理思想的核心,是千百年来中国社会维系家庭关系的道德准则,更是中华民族传统文化之精髓。在中国五千多年的历史发展中,"孝"一直被世世代代地传承着。子女对父母尽孝乃天经地义之举,子女从父母那里传承了血脉和家训,子女之身就是父母的分身,不孝敬父母就失去了自身的大根大本,所以"孝"字上为"老"、下为"子",是上一代与下一代融为一体。《说文解字》中:"孝,善事父母者。从老省,从子;子承老也。"意思就是孝指孝顺,尽心奉养且绝对服从父母。真正意义上传统文化里面的"孝"是以"敬"为前提的,对内心的"敬"最好的表达就是"顺","顺"就是趋向同一个方向,即"孝顺""孝敬",所以孝的本质是"顺从"。"子曰:父在,观其志;父没,观其行;三年无改于父之道,可谓孝矣。"孔子这段话的意思是说,能终身按照父亲的价值取向行事的人,这样也就是尽到孝了。而人之行孝,又不能离开敬。"子曰:盖犬马皆能有养,不敬何以别乎?"意思就是孝敬父母,没有一定的形式,但皆要出自有敬爱之心。

1979年山西省稷山县马村金代墓葬中出土了一组完整的"二十四孝"陶塑,均高20厘米左右,人物造型各异,生动优美,表情传神,故事情节表述十分明了,每一件都刻有序号,是全国罕见的一组"二十四孝"题材的古代雕塑艺术珍品。其所表现的二十四孝故事情节都可考证出故事渊源,除了颇具美学价值之外,也为我们研究金代文化史、社会史,乃至具体的服装史、丧葬史、民间文学史等,都提供了不可多得的宝贵资料。

这组"二十四孝"陶塑分别为:虞舜孝感动天、闵损芦衣顺母、郯子鹿乳奉亲、曹娥哭江寻父、郭巨埋儿奉母、王祥卧冰求鲤、刘殷泽中哭堇、杨香扼虎救父、赵孝舍己救弟、鲁义姑舍子救侄、涌泉跃鲤、董永卖身葬父、鲍出贼营救母、紫荆复萌、丁兰刻木事亲、孟宗哭竹生笋、杨乙行乞养双亲、韩伯俞泣笞伤母、崔孝芬事姊如母、王武子妻割股奉亲、原谷拖舆谏父、曾参啮指痛心、刘明达卖子行孝、陆绩怀橘遗亲。陶塑择取故事

虞舜孝感动天

闵损芦衣顺母

郯子鹿乳奉亲

曹娥哭江寻父

郭巨埋儿奉母

王祥卧冰求鲤

刘殷泽中哭堇

鲁义姑舍子救侄

杨香扼虎救父

赵孝舍己救弟

涌泉跃鲤

董永卖身葬父

鲍出贼营救母

紫荆复萌

孟宗哭竹生笋

丁兰刻木事亲

韩伯俞泣答伤母

杨乙行乞养双亲

崔孝芬事婶如母

王武子妻割股奉亲

曾参啮指痛心

原谷拖舆谏父

刘明达卖子行孝

陆绩怀橘遗亲

的某一情节进行塑造,场景引人入胜,令人叹为观止。其中"郭巨埋儿奉母"是所谓的"愚孝"行为。鲁迅先生在他的散文集《朝花夕拾》中还专门撰写文章对《二十四孝图》进行了评价,他从阅读《二十四孝图》故事后的自身感受入手,描写了对"郭巨埋儿奉母"等"愚孝"故事情节后产生的强烈反感,形象地揭露了封建孝道的虚伪和残酷,提示了旧中国儿童可怜的悲惨处境。

"百善孝为先"是中华神州大地最源远流长的中华美德,我们虽然不必像古人那样做那些激烈的行为,但是也应该像他们那样懂得感恩,懂得孝敬父母,尊敬长辈。只有懂得孝敬父母的人,才是一个有责任心、品格高尚的人。

(杨勇伟)

山西侯马金代董氏墓戏曲人物俑
生旦净末丑 演绎百态人生

宋金元时期，是中国戏曲走向成熟的阶段，山西保留下来的戏台、砖雕、壁画、碑刻等戏曲文物极其丰富。尤其是金代墓葬中大量的戏曲文物，反映了当时社会戏曲艺术的繁荣和百姓对戏曲表演形式的喜爱，成为研究这一时期社会、文化、风俗、艺术最重要的实物资料。

　　山西被称为中国戏曲艺术的故乡，地方戏曲艺术历史悠久、种类繁多，在中国戏曲舞台上占有重要地位。蒲剧（蒲州梆子、乱弹、晋腔）、晋剧（中路梆子、太原梆子）、北路梆子和上党梆子是山西地方戏曲的四大剧种，称为"四大梆子"。这四大梆子同根异枝，一脉相承，是梆子腔的正宗，它们代表着地方戏曲艺术的历史文化价值。

　　所谓"戏曲故乡"，主要指晋南地区——也就是今天山西省南部的临汾、运城地区。在这里，几乎在每个村落、寺庙、集市，凡是人流往来密集的地方总会看到一座戏台。据统计，山西省现存金、元、明、清古戏台3000多座，数量之多，令人惊叹！山西省高平市王报村的二郎庙戏台是

山西侯马金代董氏墓戏曲人物俑

金·大安二年（1210）
1959年出土于山西省侯马市西郊

现存中国最早的古戏台,距今已有820年的历史。

山西的戏曲文物在全国也是最丰富的,除了戏台,还有戏曲砖雕、壁画、碑刻等,尤其山西是发现金代戏曲砖雕墓最多的地区,为研究这一时期社会、文化、风俗、艺术提供了重要的实物资料。金代的砖雕墓内布局大多是南厅北堂、东西厢房,构成我国传统的"四合院"形制,结构精巧、雕刻细致、形象生动,非常有特色,反映的内容也十分丰富。墓葬中的戏曲文化和元素彰显了山西在中国戏曲艺术发展史中的重要地位。

山西侯马董氏家族的董明墓,是八百年前晋南地区的一个富庶家族墓中的一座。它的主体是仿木结构方形单室砖室墓,坐北朝南,墓门在墓室南壁偏东的壁面上。进入墓室,迎面为砖雕装饰,画面正中是一面阔三间的厅堂,宽敞明亮,北面堂下正中,墓主人夫妇端坐于方桌两侧,桌上还摆放着镂雕的牡丹花一盆,这就是"开芳宴"。开芳宴是唐宋金元时期,夫妇之间在元宵节等一些重要传统节日,举办的一种特定的家庭宴席,主要是用来表现夫妇之间的恩爱、浪漫和家庭和睦,反映了当时人们理想的家庭模式和正统的道德观念。"开芳宴"也是宋辽金元墓葬中常见的装饰图像。

开芳宴的上方正中两朵斗拱之间,砌一方精致的小戏台,屋顶为歇山顶,飞檐翘脚,结构精巧。最有趣的是台上并排站着五个正在作场的彩绘砖雕人物俑,造型惟妙惟肖,形象地再现了金代晚期杂剧演出的真实状况。

最右边的人物头戴软巾帽子,身着黄色虎皮纹及膝外衣,左手持短棒,右手的大拇指和食指捏在一起含在嘴里，两腮鼓起好似在吹口哨，一个市井纨绔子弟形象跃然壁上。如果仔细看，就会发现他眼睛脸鼻处涂抹粉团，双目斜抹八字眉，很明显是一个丑角扮相。右边第二人为女性，头挽发髻形若华冠，上身穿窄袖团花大红袄，下身穿浅红色裤、黑色鞋，腰束黄色丝巾，左手拿着手帕，打在腹间，右手拿黄色团伞搭于左肩，两腿交叉屈膝呈下蹲动作，整体忸怩作态。中间的人物面容丰满，头戴纱帽，身着圆领宽袖红袍，双手持笏板，交握置于胸前，端庄自若，俨然是一个宋代官吏形象。左边第二人，头戴黑色介帻，身穿圆领紧袖青色长袍，左手撩起衣襟一角，右手握拳，面向左侧而手指右边作传话状。最左边的人物身子低矮，头戴黑色幞头，脸上好像画着蝴蝶状脸谱，身上穿着黄白色外衣，敞着衣襟，右手拿着一卷书，左手指着自己的胸膛，似在倾诉。很明显，这些人物俑就是金元时期戏曲中的角色：副净、装旦、末泥、副末、装孤，也就是今天戏曲中生、旦、净、末、丑。

早期杂剧以副净、副末为主演，是因为这一时期戏曲以滑稽调笑为主要表现形式，所以末泥居中，成为主演。早期戏曲表演都是男性，即使是女性角色也有男性反串，叫装旦，过去又叫"假妇人"或"乔妇人"。宋、金、元时期开始，女性也加入表演队伍中，逐渐成为比较重要的角色。这组金代戏曲人物俑和元代杂剧的演出形式非常相似，反映了早在公元12至13世纪，中国的戏剧艺术已基本发展成熟。

一方小小的戏曲舞台加上五个惟妙惟肖的戏曲演员，不禁会让人想起古代富庶家族举办的堂会表演。堂会，一般是在私人宅院中表演，用来表达庆祝和喜悦的情感，观者多为至亲好友。实际上，堂会形式的表演在中国古代戏曲史中出现最早，在戏台还没有正式出现时，私人宅邸的戏曲表演就已经出现了。侯马董明墓砖雕正是表现了墓主夫妇二人在享受开芳宴美味佳肴的同时，还欣赏着精彩的堂会表演的场景。

金代人延续了中原地区传统的生死观念——"事死如事生"，同时又向"生死同乐"转变。大量的戏曲题材出现在墓葬中，恰恰反映了当时社会戏曲艺术的繁荣和百姓对戏曲表演形式的喜爱。宋金元时期正是中国戏曲发展最鼎盛的时期，因此国学大师王国维和现代戏曲理论家、诗词曲作家吴梅都把宋金元时期视为中国戏曲发展的成熟阶段。家境殷实的小康之家，都会为自己和逝去的家人营建一座死后的"宅邸"，体现了人们的生死观和生活态度。类似的宋金时期墓葬在山西屡见不鲜，正是戏曲在现实生活中的真实写照。

山西人爱听戏的传统由来已久，不仅爱听戏，还创作戏曲剧本。中国戏曲发展从宋代诸宫调、金院本、元杂剧，到明传奇，山西籍的戏曲家和戏曲故事数不胜数。如中国元曲四大家——关汉卿、白朴、马致远、郑光祖，除马致远外，其他三位都与山西有着密切的关系。《西厢记》《赵氏孤儿》《打金枝》的故事也都发生于山西。

其中，《西厢记》里张生和崔莺莺的爱情故事可谓家喻户晓。故事最早见于唐代大诗人元稹创作的《莺莺传》，但和今天的故事主旨有很大差别，我们今天看到的戏曲《西厢记》是在金院本《西厢记诸宫调》的基础上成熟起来的。无巧不成书，它的作者也姓董，叫董解元。很多学者考证董解元就是出身于山西董氏家族。

山西是华夏文明最重要的发祥地之一，物华天宝、人杰地灵。尧都平阳、舜都蒲坂、禹都阳城，都在晋南。山西南部自古就是农业发达的地区，又是中原地区东西南北的交通要道，多少悲欢离合、缠绵悱恻的故事都发生在这里，为中华戏曲留下了丰富的素材。八百年前的宋代、金代、元代，正是中国戏曲走向成熟的阶段。山西南部地区，社会相对稳定，经济发展，文化繁荣，戏曲已经成为人们生活中最重要的一部分。诸宫调、金院本、元杂剧，这些都备受民众喜爱，勾栏瓦舍、"舞亭""舞楼""乐楼"随处可见，神仙教化、孝子节烈、才子佳人的故事也被人们津津乐道，直至今天。

（姚　香）

青花缠枝牡丹纹罐
青花瓷器肇兴时期的产物

它是中外多元文化交流融合的艺术瑰宝,其典雅端庄、清新脱俗的气质,彰显着时代风貌。

青花缠枝牡丹纹罐,高 28 厘米,口径 20.9 厘米,底径 20.4 厘米。直口、短颈、广肩、鼓腹,腹下渐收至底边微外撇,隐圈足。是元代青花罐的典型式样。

此罐胎体厚重,器形硕大,造型饱满庄重。胎骨灰白,质密坚硬。胎体由底、腹、口沿分段制作而成,胎底有粗疏的旋削痕迹和跳刀痕。通体施青白釉,釉色洁白。釉下施青花纹饰,呈鲜艳的靛青色,发色浓艳,幽箐可爱,积釉处有蓝黑色斑点,闪烁如铅般的金属光泽。通体绘花纹五层。颈部为姜牙海水纹;肩部饰缠枝莲花纹;中部以缠枝牡丹为主体纹饰,牡丹花仰覆呼应,正反缠结,栩栩如生;胫部饰变形双勾莲瓣纹,各瓣彼此

青花缠枝牡丹纹罐

高28厘米，口径20.9厘米，底径20.4厘米

分开。主题纹饰与胫部纹饰之间饰以卷草纹，各层纹饰间以双弦纹相隔，既突出了主题图案，又增加了画面的层次感。虽然层次多、画面满，但层次清楚，繁而不乱。罐上所绘花朵、枝叶，行笔一气呵成，生动流畅，娴熟概括，收放自如。此件元代青花缠枝牡丹纹罐，体现了元代景德镇制瓷工匠高超技艺，是一件难得的艺术佳作。

继唐代白瓷、宋代影青瓷之后，景德镇窑在釉下彩传统技法的基础上，采用新的工艺和色料，成功烧制出清新素雅的白地蓝花和蓝地白花的青花瓷。青花瓷滥觞于唐，成熟于元，历经明清，盛烧不衰，成为我国沿袭时间最长、产量最多、销路最广并深受国内外欢迎的瓷器品种。

青花瓷的制作是以氧化钴为着色剂，在成型的胚胎上描绘花纹，然后施透明釉入窑，在1300℃左右高温下一次烧成。

元代青花瓷的胎釉独具时代特色。它以瓷石加耐高温的高岭土合成"二元配方"制胎，增加了氧化铝的含量，具有坚韧挺拔，不易变形的特质。釉汁中钾钠成分多于氧化钙的含量，因而釉色白里泛青，莹润明亮。青花色料多为进口的钴土矿，主要来自中亚和西亚，这种青料又有苏泥勃青、苏麻离青等名称，含锰量低而含铁较高，因而呈色浓艳深沉，并带有紫褐色或黑褐色较光润的斑点，有的黑褐色斑点显现出"锡光"。

青花设色单纯大方，青翠欲滴的蓝彩与洁白如玉的白瓷互为映衬，相得益彰，清丽照人。它以单一的色彩描绘绚丽的图案、大气豪迈的笔法表现丰富的内容，优雅精致，超凡脱俗，与我国传统的水墨画有异曲同工之妙，给人以恬静舒适、赏心悦目的感受，具有浓郁的民族色彩和强烈的艺术感染力。

在纹饰风格上，受到织绣工艺、戏剧艺术、伊斯兰文化等各种艺术形式的影响，纹饰种类繁多，风格多样。常见有牡丹花、莲花、菊花、松竹梅、龙、凤、麒麟、鱼藻、海马、人物故事等纹饰。辅助纹饰有波浪、变体莲瓣、回纹、卷草纹等。牡丹纹是主要的装饰图案之一，并常与其他花卉组合，华贵富丽，极具时代特色。

元青花瓷器的生产多为外销的需要，经由海陆销往各地。目前资料显示，中国、西亚、东南亚等地都有元青花瓷器传世与出土。为满足外销需求，青花瓷器的器型、装饰风格融合了汉族、蒙古族、西域等多元文化。北方蒙古游牧民族崇尚白色、蓝色，伊斯兰文明也喜用蓝、白色装饰器皿和建筑，图案风格追求层次丰富、浓郁繁密，喜欢大件器型，这些风格特点都完美体现在了元代青花瓷器上。

元代青花瓷器工艺精湛，凝聚着东方文化的艺术魅力，是中国陶瓷史上的一朵奇葩。它的出现，开创了一个崭新时代，为景德镇迅速崛起并成为中国"瓷都"起了重要作用。

（谷锦秋）

山西琉璃

流光溢彩耀三晋

> 琉璃是中国古代文化与时代艺术的完美结合,其流光溢彩、变幻瑰丽,是思想情感与艺术的融合。它积淀历史的华丽,穿越3000多年的时空,以内敛的丰富保留着不可磨灭的色彩。

琉璃是中国古代艺术的瑰宝,在中国古老的大地上,历经千余年仍熠熠生辉。从小巧的琉璃饰件到大型的建筑装饰构件,无不体现出它外在的美与深厚的文化内涵。

山西是我国琉璃的主要产地,琉璃烧造技术相承不衰,代有佳作,素有"琉璃艺术之乡"的美誉。山西琉璃制品保存数量之多、种类之繁、质量之精、艺术之美,实属难得。流光溢彩的琉璃装饰构成了山西古建筑气势磅礴、华美壮观的建筑景观,也形成了山西古建筑特有的地域装饰风格。色彩斑斓的琉璃构件,将古代建筑装点得富丽堂皇,成为古建筑中最重要、最具特色的装饰形式之一。

绿釉陶楼

西汉（前202—8）
高89厘米，底盘外径37厘米
山西省运城市侯村出土

琉璃，是以铅硝为基本助溶剂，经过800—900℃低温烧制而成的陶胎铅釉制品。色泽以绿、黄、蓝为主，还有酱、紫、黑、孔雀蓝、褐黄等色。

琉璃的产生，源于商周时期出现的玻璃工艺和釉陶技术。考古资料证明，早在西周时期，我国就能够自己制造琉璃，但当时的工艺水平还处于非常稚嫩的阶段，器型主要是一些琉璃珠、琉璃管等。春秋战国时期的琉璃制作工艺水平有了明显的提高，器型较为丰富，在造型和色泽、纹饰上以模仿玉器为显著特征，有琉璃璧、环、剑饰等，这时的琉璃制品作为天然珠宝玉器的代用品，成为上层贵族赏玩的高档装饰品。

汉代琉璃也称"釉陶"，主要用来制作随葬明器，釉色多以绿釉居多，器型有壶、瓶、鼎、罐、仓、柜、灶、盆、楼阁等多种。制作工艺精细，釉色纯正，对后世建筑琉璃装饰的造型和色彩有着很大的影响。

山西博物院就陈列着一件汉代的绿釉陶楼。这件陶楼是一件随葬品，高 89 厘米，底盘外径 37 厘米。整体为方形楼阁式建筑，楼的最下方做成了一个圆形池塘的样式，池塘内有龟、鱼、鸭等，池中央矗立的楼阁共三层，楼层上有几个小人，分别是吹奏、迎宾、执弩的伎俑形象。我们可以想象，墓主人生前坐在这种高高的楼阁之上，欣赏着吹奏等表演，池塘内鱼鸭嬉戏，好一派惬意的生活场景。而这件陶楼不仅可以反映出墓主人的生前世界，同时也让我们间接地了解汉代古建筑的基本特征以及汉代釉陶的烧制技艺。

北魏时，由于琉璃既美观又防水耐用，开始用于建筑顶部构件的装饰。北魏世祖时，在都城平城（今大同市）大兴土木，营造宫殿，更烧造琉璃装饰于建筑物上。《魏书·西域传》中载："世祖时，其国人商贩京师，自云能铸石为五色琉璃，于是采矿山中，于京师铸之。既成，光泽乃美于西方来者。乃诏为行殿，容百余人，光色映彻，观者见之，莫不惊骇，以为神明所作。"《太平御览·郡国志》云："朔方平城，后魏穆帝治也，太极殿琉璃台及鸱尾，悉以琉璃为之。"从上文中可知，北魏时期，中国的琉璃吸收了西域的烧造技术，能造出"五色琉璃"并且将它用于皇家太极殿的鸱尾等装饰上。

琉璃在建筑装饰中的运用，使得它脱离了汉代主要用于明器的使用范畴，从而有了更高的实用价值和新的发展，从此中国古建筑的屋顶告别了青砖灰瓦的沉闷，焕发出耀眼的光彩。琉璃装饰，成为最具有民族特色的建筑装饰形式之一，煌煌越千年，至今不衰。自此以后，"琉璃"一词逐步成为建筑物上的铅釉装饰物的专属称谓。

山西现存最早的建筑琉璃为宋辽金时期。宋代是我国古代建筑发展的隆盛阶段，尤其注重装饰和色调的运用。这一时期的建筑琉璃已经发展得非常完备，从绚丽斑斓的琉璃构件到整个琉璃屋顶，无论群体建筑或单体建筑，都力求形制美与色调的统一，大大加强了建筑的艺术效果。此时的琉璃制品更是广泛应用于宫廷、衙署、寺庙和祠宇等大型建筑上，并形成规制。

元朝的建立，结束了宋金长期对峙的分裂局面，为经济的繁荣发展奠定了基础。这一时期，山西的琉璃业也开始进入兴盛阶段。元朝的统治者在建筑装饰上追求华丽，采用贵重的材料和强烈的色彩。元代琉璃的制作，无论在原料、形制、工艺、釉色等各方面，都较之前有新的发展。元代的匠师们还成功创造出了珐华器这一新品种。随着这一时期山西寺庙建筑的发展，琉璃建筑及琉璃匠师遍及全省，名家辈出。

明代山西的琉璃业空前繁荣，制作规模之大，分布之广，技术之精，均超过了以往任何时代。迄今明代琉璃作品发现有题记的匠师119人，分布全省19个县，以阳城、介休两地最多，传承时间最长。并且明代的琉璃除了用于殿堂脊饰外，还广泛地用于牌坊、照壁和塔等各类建筑，并出现单件工艺品。著名的大同九龙壁和洪洞广胜寺琉璃飞虹塔就是这一时期

琉璃鸱吻

元(1271—1368)
通高170厘米
山西省芮城县永乐宫建筑构件

的优秀代表。

进入清代，我国琉璃业开始衰退。但山西的琉璃业，由于世袭传承、技艺精湛，到了清代，尤其是乾隆年间，仍然十分兴盛。

古建筑的琉璃装饰中，最富有特色的莫过于琉璃屋顶装饰。古人用"如鸟斯革，如翚斯飞"来比喻中国古建筑屋顶舒展如翼的艺术效果。曲线玲珑、流转起伏的建筑屋顶，加之其上的琉璃饰件，构成了一个美轮美奂、富有民族特质和审美文化的屋顶。这些琉璃装饰构件，色彩斑斓，雕饰精细，予人以美的享受。

山西博物院陈列着一件巨大的元代琉璃鸱吻，是中国古建筑中琉璃屋顶装饰的精品之作。这件通高170厘米的琉璃鸱吻，来自芮城县永乐宫，整体呈龙首鱼尾状，龙头硕大，龙口大张，露出锋利的牙齿；侧身的鳞纹，细致整齐；尾部上翘反卷，卷起的鱼尾在空中形成优美的弧线；两个龙角直插向上，整件鸱吻显得生动传神，栩栩如生。

琉璃是中国的特色，山西则是中国琉璃的故乡，山西琉璃体现了鲜明的民族传统特色与文化内涵，是不可多得的艺术瑰宝。

（韩　敏）

天顺青花波斯文三足炉

细袅轻烟炉中意

山西博物院收藏有一件青花波斯文三足炉,从铭款可窥,烧制于明天顺年间。这样的年代,这样的一件青花瓷,它又谱写了一段怎样的故事呢?让我们随着下面的文字一起来赏析一下这件玉堂佳器。

中国陶瓷史上有一段"空白期",又称"黑暗期",指明代正统、景泰、天顺三朝(1436—1464)烧制瓷器的时期。历时约三十年的正统、景泰、天顺三朝,由于战争频繁,饥荒不断,皇室内部为争夺皇位屡发冲突。此时,景德镇生产的瓷器因朝野动荡,不便书写官窑年款。以往很长时间各博物馆或私人收藏的这三朝官窑瓷器均被划为宣德或成化瓷,致使人们对这一时期生产的瓷器面貌认识不清,因此这三朝被称为中国明代瓷器史上的"空白期"或"黑暗期"。

山西博物院收藏的天顺青花波斯文三足炉却是个特例,不仅有"天顺七年"(1463)的明确纪年,而且有简单的书者信息——"大同马氏书"。

此件文物筒形、唇口、平底，下承以三马蹄形足，器底边缘施有宽2厘米的一圈釉，中间无釉，有修胎痕迹，器内光素无纹饰，唯口内沿下署"大同马氏书"款，表明此类器物外壁文字可能为马氏亲手所书。外青花装饰，口沿处绘青花单线连续回纹一周，炉底边有两条青花弦线横越三足。腹部以青花料书写有三行波斯文，取自波斯诗人萨迪的诗集《果园》。内底有"天顺七年大同马"款。这件筒式三足炉造型比例适度，胎体厚薄适中，修胎规整。釉面白中闪青。波斯文字书写流畅，中锋用笔，圆润洒脱，一气呵成。既起到装饰的效果，又以优美的文字内容表达了制作者的思想境界。

从纹饰上看，此件天顺炉之上描绘的波斯文，运笔颇能体现空白期纹饰的洒脱、飘逸的特点。所书波斯文内容也与空白期的时代背景相关。如"为政万万不可刺伤平民百姓的心，欺压百姓就是在掘自家的根"。这几句话反映了正统、景泰、天顺三朝干戈不息，朝野动荡的社会现实和人民祈求平安的强烈愿望，具有很深的时代烙印。此外，众所周知，永宣时期曾涌现出一批受西亚影响的造型及一些用波斯文作装饰的器物。而天顺年出现用波斯文，尤其用波斯诗人的作品作为装饰的器物，从一个侧面反映了永宣时期对外文化交流对后世的影响。

从青花的发色来看，呈色浓重晕散且有铁质凝聚斑。除此外，"空白期"也有青花发色较淡、清晰稳定的一类。前者有江西景德镇竟成公社严处土墓出土的景泰四年（1453）青花折枝花筒形圈足炉，发色浓重晕散。后者也有，南京牛首山正统七年（1442）兴建的弘觉寺塔"龙宫"中出土

天顺青花波斯文三足炉

明·天顺（1457—1464）
高11.7厘米，口径15.3厘米

的四件青花瓜棱罐，故宫所藏天顺炉等。青花呈色较为稳定、清晰、淡雅。尽管青花呈色有所不同，但造成这种结果的原因，与青花钴料及窑位的选择有关。所以处在承上启下过渡阶段的空白期瓷器的面貌，既有如永乐、宣德时期青花呈色浓重的一类，也有如成化瓷般稳定、淡雅的一类。

从款识上看，书"天顺七年""大同马氏书"的款识，既有确切纪年，又标明书款人姓氏、籍贯。这种做法与在供器上题写匠人及置器时间的风俗有关。由此推断大同马氏很可能是一位大同籍的景德镇回族匠人，且通晓波斯文并擅长用其作为装饰。从民俗、文化角度审视，这件器物的社会史价值弥足珍贵。

从器形来看，香炉的历史悠久，其名在汉代就已出现。汉卫宏《汉旧仪》中记载："给尚书郎伯二人，女侍史二人，皆选端正者从直。伯送至止车门还，女侍史执香炉烧熏，以入台护衣。"到了宋元时期，香炉被赋予了更多的文化内涵。筒式炉、行炉、鼎式炉、鬲式炉等形式多样。明代香炉中筒式炉极为常见，纹样装饰方面却比以往任何一个时期都要丰富，尤其是青花香炉，使得明代香炉极富时代气息。

与此件青花炉雷同的还有故宫博物院现藏，1988年香港实业家、文物收藏家杨永德伉俪捐献的天顺年款青花炉。

此炉高11厘米，径15厘米，筒形，口沿有回纹一周，通体饰以三行青花阿拉伯文字，内容亦取自波斯诗人萨迪的诗集《果园》。下有三乳丁足，其款识在内底部，为青花"天顺年"三字。

与山西藏天顺七年炉相比，两者在造型、装饰手法、胎釉、青花呈色及款识等方面有很多共同点，但也有不同之处：

一、故宫藏仅在器内底书"天顺年"三字，而山西藏不仅在器内底书有"天顺七年大同马"，而且在器内壁近口处书有"大同马氏书"，所书年款既有确切纪年又有书款人姓氏籍贯，与故宫藏相比更为珍贵。

二、山西藏青花发色浓重且多有晕散，有明显的铁质凝聚斑。故宫藏青花呈色稳定、纹饰清晰、无晕散，有轻微的铁质凝聚斑。

三、山西藏口沿施酱釉，故宫藏无酱釉装饰。

这两件青花波斯文三足炉仅用文字作为装饰，但是书法上却透露出天顺瓷器绘画风格的信息，同时也为探讨"空白期"瓷器提供了线索。山西博物院藏此件珍品的款识更是为文化、民俗的研究提供了珍贵的资料。研究者可以据此上探正统、景泰瓷器的继承和演变规律，下窥成化初期瓷器的新貌。

（海　青）

宝宁寺水陆画

丹青妙手绘万象 宝相庄严济世间

宝宁寺水陆画作为宗教画，画风不同于文人画，少了一些循规蹈矩，多了一些自由酣畅，将想象力发挥到了极致。

宗教图像艺术涵盖了中国最为丰富的文化内涵与文人特质，水陆画中大量的神祇人物将我们带入历史，跨越时空，以最直观的方式了解古代社会。在佛教仪轨中，有一种为超度亡灵、普济水陆一切鬼神的佛事活动，被称为水陆法会，或水陆道场。水陆法会缘起于南朝梁武帝时期的水陆斋，唐代中晚期逐渐兴起，宋代初具规模，盛行于元明。随着水陆法会的发展，水陆画逐步完善达到高峰。明清时期，水陆画图像体系已非常丰富，具有极高的艺术和文化价值。不仅有佛教水陆画，道教也形成了自身独立而丰富的水陆画图像体系，内容主要依据水陆仪轨及民俗信仰进行绘制。水陆画成为中国古代寺庙道观中举行水陆法会时供奉的圣物。

山西右玉宝宁寺珍藏的水陆画共计139幅，其中明代136幅，另有3幅为重新装裱的早期水陆画。这些水陆画尺幅高约120厘米，宽约60厘米，绢本设色，画面清晰、布局紧凑、线条流畅、笔力劲健、色彩鲜艳。历经600余年仍保存完整，其艺术价值之高，内容之丰富，技艺之精湛，数量之多，在全国实属罕见。

宝宁寺水陆画内容题材主要包含四类：一是佛教系统的诸佛、诸菩萨、诸天、十大明王、十六罗汉和护法神等；二是道教和中国民间的神祇，如三清、四御、十二真君、五岳、星君、二十八星宿等；三是佛道和民间信仰并已汉化的各种龙王众、十大阎罗、畜生、恶鬼等；四是儒家的经典人物，如三皇五帝、帝王嫔妃、官僚名儒、诸子九流、孝子烈妇等。描绘佛教主题形象的有61幅、道教题材的47幅、其他题材的25幅。除了通常所见的水陆画宗教题材，如神佛鬼魅、天堂地狱、因果报应等内容之外，还有相当一部分反映当时社会生活的方方面面，整套水陆画中描绘了形态各异的神仙、鬼怪和人物造型等多达890个。

这样一套精美绝伦的水陆画为何会出现在右玉这么一个边陲小镇呢？

右玉位于山西北部与内蒙古自治区相接的区域，处于北方游牧文化和农耕文化交错地带，是长城沿线一处战略要地。作为古代北方边陲一个军事重镇，历来兵戈不绝，战事频繁。宝宁寺坐落于右玉县旧城内，创建于明天顺四年（1460），是明朝政府为镇边阵亡的将士们超度亡魂而修建的。根据水陆画上清康熙、嘉庆年间的重裱题记"敕赐镇边水陆画"，比较明

《阿弥陀佛》

《北极紫微大帝众》

《八大金刚诸神众》

《往古九流百家诸士艺术众》

宝宁寺水陆画

明（1368—1644）
现藏于山西博物院

确水陆画是皇家规格。

宝宁寺水陆画形象生动，构图多变，技法精湛。在风格上，宝宁寺水陆画更显典雅。水陆画一般由画工根据粉本绘制。目前，收藏于首都博物馆的慈圣皇太后敕造水陆画和肃河西地区藏有的大量水陆画，都呈现出华丽的风格。而宝宁寺水陆画的画风，继承了魏晋以来道释人物画的手法。画面技法多采用铁线描和兰叶描勾勒敷彩，一些圣母诸神还用了高古游丝描，以表现丝绸细腻柔软的质感。衣纹线条流利婉转，服饰繁复，装饰华丽，长裙飘带、衣冠袍袖都绘制了不同的图案。设色多用大红大绿，艳而不俗。各路神祇呈现出一派祥和之气，即使是怒目圆睁的罗刹也在摄人心魄的形象之外流露出温穆之感，而这一风格的形成得益于形象塑造、设色、构图等各个方面。

在形象塑造方面，宝宁寺水陆画也极为精彩。如佛、菩萨做正面像，慈悲威严。十大明王三头六臂、怒目圆睁，姿势各不相同。十六罗汉被置于山水间，并安排在一定情节中，画面以青绿山水做背景，并以金线勾勒，与孤魂图像中的山石表现方式不同。罗汉形象高大，次要人物身材矮小，极富古意。罗汉动态也十分丰富，或读书写字、或合掌诵经、或演示法术、或嬉戏瑞兽。其他画面中，各组神祇虽面向正位神祇或朝左或朝右站立，但人物站位安排得错落有致，并不呆板。这些神祇往往以四分之三侧面相为主，在有限的空间内突出神祇间的互动，尤其是神祇微小的表情使画面瞬间灵动起来。

这套水陆画不但在形式上有极高的艺术价值,同时作为一个时代产物也同样具有社会属性,是社会的一面镜子。岁月沧桑、时代更替,除了华丽纷呈的画面,那些战争、鬼魅、地狱、灾难、兵戈、盗贼、饥荒等画面,不仅是作为劝诫为目的的宗教画,更是当时社会生活的生动反映。这套水陆画承载着一个时代的历史,对于我们了解传承历史文化有着直观和生动的感召作用,是一套不可多得的珍贵之作。

(姚　香)

明代珐华器一组

晋地之宝 丽色珐华

> 珐华器是一种以陶土为胎，牙硝作助熔剂，施蓝、黄、紫等各色低温釉，二次烧成的一种陶瓷类别。常采用沥粉之法勾勒器物的纹样，主要流行于山西地区。

有关"珐华"器的介绍最早出现在清代成书的《南窑笔记》中，曰："法蓝、法翠二色，旧惟成窑有，翡翠最佳。本朝有陶司马驻昌南，传此二色，云出自山东琉璃窑也。其制用涩胎上色，复入窑烧成者。用石末、铜花、牙硝为法翠，加入青料为法蓝，今仿者甚多。"文中的山东应为山西的笔误，并且对釉料的配置有简单的记录。

1912 年刊行的许之衡著《饮流斋说瓷》中对珐华器有更仔细的介绍："法花之品，萌芽于元，盛行于明。大抵皆北方之窑，蒲州一带所出者最佳；蓝如深色宝石之蓝，紫如深色紫晶之紫，黄如透亮之金珀；其花以生物花草为多。平阳、霍州所出者，其胎半属瓦质，蓝略发紫，绿略发黑，殆非精品。西安、河南所出者，较平阳、霍州略为鲜亮，盖属瓷胎也。至清初始有景德仿造，则纯是玻璃釉，花既玲珑，地尤细净，人物众兽，毫发毕现矣。雍正以后间有仿造，已失良工。故乾窑虽精，亦趋入雕瓷一途，罕见法花之制，其他更无论矣。"这段是近代文献中有关珐华器的主要记载，对其釉色、产地、发展状况都有了简单的概括。

从古文献中的字里行间，还是可以窥到，珐华始创于元，最早的产地是山西，也是山西这则宝地，使得珐华这种工艺以其雄浑古朴的造型、雍容沉静的色调在陶瓷史上备受青睐。

关于"珐华"名称的表述有"珐华""法花""粉花"等。

"法花"一词最初指的是一种凸雕的装饰技法。《饮流斋说瓷》中在介绍定窑、龙泉窑的装饰技法时这样说："定窑、龙泉窑之花，皆雕花也……凹雕亦名划花，凸雕亦名法花，平雕亦名暗花。"由于沥粉堆花的技法使器物纹饰呈现一种凸雕的效果，因此将这一类装饰技法特别、釉彩明艳的器物命名为"法花"器。

"粉花"的称呼则是被认为因其主要产地为晋南窑场。当地口音"粉""法"相近，误传为"粉花"。

"珐华"一词，是20世纪20年代一些收藏家提出的，指的是如翠蓝釉一般色彩明艳的釉料和独特的装饰方法，虽在明清的重要文献中并没有出现，但逐渐成为学术界主流的命名方法。

珐华之色，雍容华贵，是在翠蓝釉瓷器的基础上发展起来的，但很少

235

珐华八仙人物塑像

明（1368—1644）
高16厘米—18厘米

运用单一种色调，多是蓝、紫、黄相搭配。蓝色深沉雅润，凝重肃穆。黄色明丽恢宏，高贵吉祥。紫色沉静高雅，尊贵神秘。如山西博物院所藏的一组明珐华八仙人物塑像。

塑像一组八件，高在16厘米至18厘米之间。塑像开脸及双手均无釉，面部刻画细致精巧。人物着长袍，立于六角台上，通体施翠蓝、紫、黄三色釉。釉色雍容沉静，器物精巧大方。

说到珐华，就不得不提到它独特的工艺手法——沥粉。

通常在器物上以采用沥粉之法勾勒纹样轮廓，再在纹样轮廓内填以各色彩釉的装饰风格为特色。"沥粉法"是一种特殊工艺：让泥浆从细管中缓缓流出，在胎面上勾勒出图案轮廓，置于阴凉处晾干，使轮廓固定，入窑素烧后，再以釉料按设计要求填出地子，绘出花纹，晾干后入窑烧成。从传世品及出土器物来看，珐华器常见以紫釉或蓝釉为地，纹饰内填以黄、蓝等色釉料。如这件明中期珐华亭园图盖罐，高17厘米，口径8.5厘米，底径9.2厘米。盖为宝珠钮，钮周为一圈如意云纹。器身直口，圆弧肩，腹部斜收，平底。底不施釉，胎色泛黄，略疏松。通体施翠蓝、紫、黄三色釉。肩部有云肩装饰，近底处装饰一周变形仰莲纹。腹部主题纹饰为亭园花蝶图。器物整体采用了沥粉的工艺手法，塑造出凹凸有致、立体生动的艺术形象。

明代是珐华器的鼎盛期，特别是明代中期，其整体风格和烧制技术得到进一步的发展，装饰十分复杂，工艺精湛。出现了镂雕这种工艺，如山

珐华亭园图陶盖

明中期（1436—1566）
高17厘米，口径8.5厘米，底径9.2厘米

八仙镂空珐华罐

明(1368—1644)
高34厘米,口径19.5厘米

西博物院藏这件八仙镂空珐华罐。

此罐高34厘米,口径19.5厘米。内外分两层,内层无釉漏胎,胎色微黄,外层镂雕,施翠蓝、紫、黄三色釉,釉有腐蚀。唇口,束颈,弧腹,平底。地子镂空,肩部饰云肩,近底为变形仰莲。腹部如意形开光内装饰有八仙故事及花卉纹。采用沥粉堆花的技法勾勒纹饰图案。

珐华丽色惊艳世人,却存世历史短暂。若目睹过山西珐华的风采,定会被山西匠人复杂精湛的技艺而震撼。虽然珐华并不是陶瓷史主流,但它独特的装饰风格与艺术特点是值得世人铭记的。

(海　青)

傅山书法
感知一个倔强的灵魂

> 傅山,明清之际著名学者、书法家、诗人、医学家。其书法荡逸神驰,豪放不羁,富有强烈的节奏感和震撼力,传世墨迹以草书居多。

四百年前,当欧洲的文艺复兴已经进入尾声、工业革命正曙光初现,风雨飘摇的大明王朝出现了一位百科全书式的文化巨人,这就是诞生于山西的傅山先生。傅山的学问,几乎涵盖国学的所有领域,他博通经史诸子和佛学之道,兼工诗文、书画、金石,又精通医学,是源远流长的三晋文脉中一颗耀眼的明珠。

傅山,山西阳曲(今太原市)人,初名鼎臣,改名山;原字青竹,后改青主。他出身于书香门第,祖上多有文名,及至其父家道开始中落。傅山,生于明万历三十五年(1607),卒于清康熙二十三年(1684),一生跨越了明、清两个朝代。

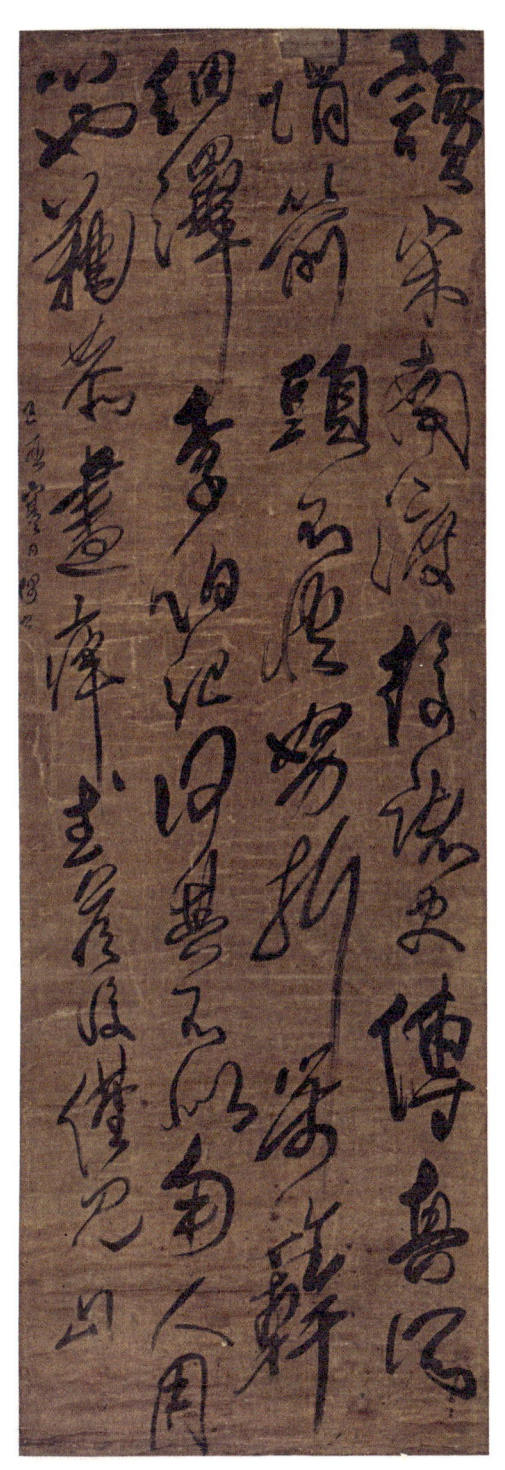

草书《读宋》轴

傅山（1607—1684）
绫本
长149厘米，宽50厘米

傅山出生于优越的家庭之中,家世与晋王府有着重要联系。傅山的前半生,是明王朝最后的 37 年。当时,农民起义的烽火逐渐燃遍全国,明王朝内部的阉党和东林党之间的斗争此起彼伏,思想文化界充斥着理学的空谈、复古的迂论、陈腐的八股和柔媚的艺术作风。公元 1644 年,这一年发生了中国历史上的大事件——甲申之变,先是李自成农民起义军的旗帜插上了北京城头,崇祯皇帝吊死万寿山;后是清朝的铁骑跨过了山海关,旋即踏遍中原。以这一年为转折点,傅山的后半生进入清王朝统治中国的最初 40 年,清军野蛮的镇压、屠杀和掠夺,汉族人民的奋起反抗,抗清义军的顽强战斗,南明王朝的苟延残喘,以及清廷对汉族知识分子施行的思想统治、文字狱和笼络收买……交织出一段血腥而动荡的历史。傅山在《病发示眉仁》中写道:"荡荡乾坤病,戈戈肺腑收",形象而概括地描绘了一个矛盾交织、激烈动荡、天崩地裂的时代和一个清醒的知识分子撕心裂肺的痛苦灵魂!

正是这样一个充满着矛盾与动荡的时代,在思想文化界产生了顾炎武、黄宗羲、傅山等杰出人物。他们关心民间疾苦和民族兴亡,掀起了 17 世纪后半期的一股进步思潮。从思想解放的程度、学术领域的宽广、艺术创作的成就、医道医术的造诣等多方面看,傅山多才多艺,多有建树,光彩夺目,确非其他人可企及。

在思想学术方面,傅山在反对以道统自居的理学说教、冲破儒家传统思想束缚方面,战斗精神和独创性更强。他博览经史子集,参研佛经道

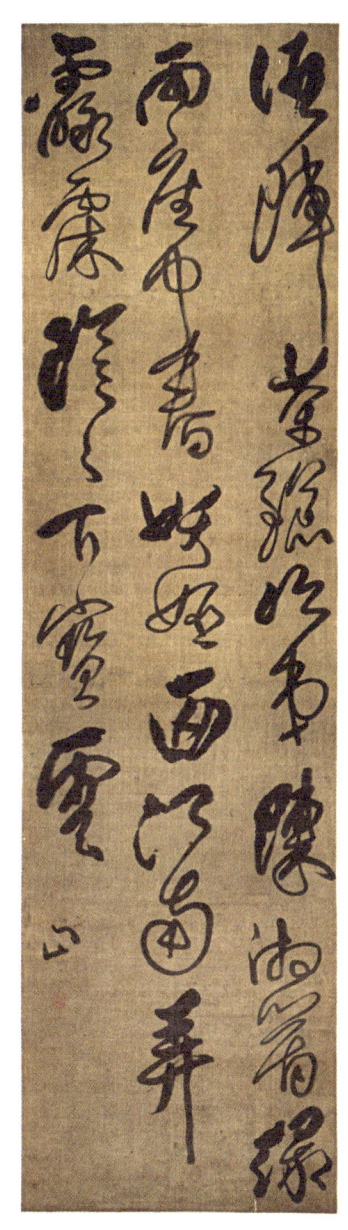

草书《酒阵茶枪此第陈》轴

傅山（1607—1684）

绫本

长172厘米，宽47厘米

经，开创诸子学，精通音韵学与名学（逻辑学），擅长金石遗文之学，"博极群书，时称学海"。

在医学方面，他精通医经脉理，擅长妇科及内外诸科，当时人称"医圣"。

在文学艺术方面，傅山的诗文思想性、现实性极强，写作不拘成法，任性直率，奇思逸趣，形成了独特的艺术风格；书法草楷篆隶，无不精工，豪迈不羁，独辟蹊径；绘画古雅入神，写意曲尽其妙。《图绘宝鉴》评论说："其才品海内无匹，人不能尽识也。"

傅山的书法初学赵孟頫、董其昌，几乎可以乱真。他学富五车，积学深厚，又颇具个性，呈现出一种独特的韵味。他的草书也没有一点尘俗气，外表飘逸，内涵倔强，恰似他的为人性格。山西博物院藏傅山草书《酒阵茶枪此第陈》轴，上书："酒阵茶枪次第陈，湘箫绿雨座中春。妖姬一曲江南弄，霡霂阴阴下宝云。山。"是其草书作品的代表。

傅山在书法艺术理论上提出的"四宁四毋"论极其精辟，"宁拙毋巧，宁丑毋媚，宁支离毋轻滑，宁真率毋安排"，足以影响中国书学领域。傅山的理论大有针砭时风、力挽狂澜之用意，与同时代的文人学者相比，有很大不同，宛如振聋发聩之洪钟。

傅山一生有三件大事彰显了他的处世之道：32岁时，曾作为山西学生的领袖，为昭雪平反恩师袁继咸冤案，率全省诸生进京请愿。中年，曾从事秘密反清活动二十余年，49岁时被捕入狱一年有余，几经严刑，抱

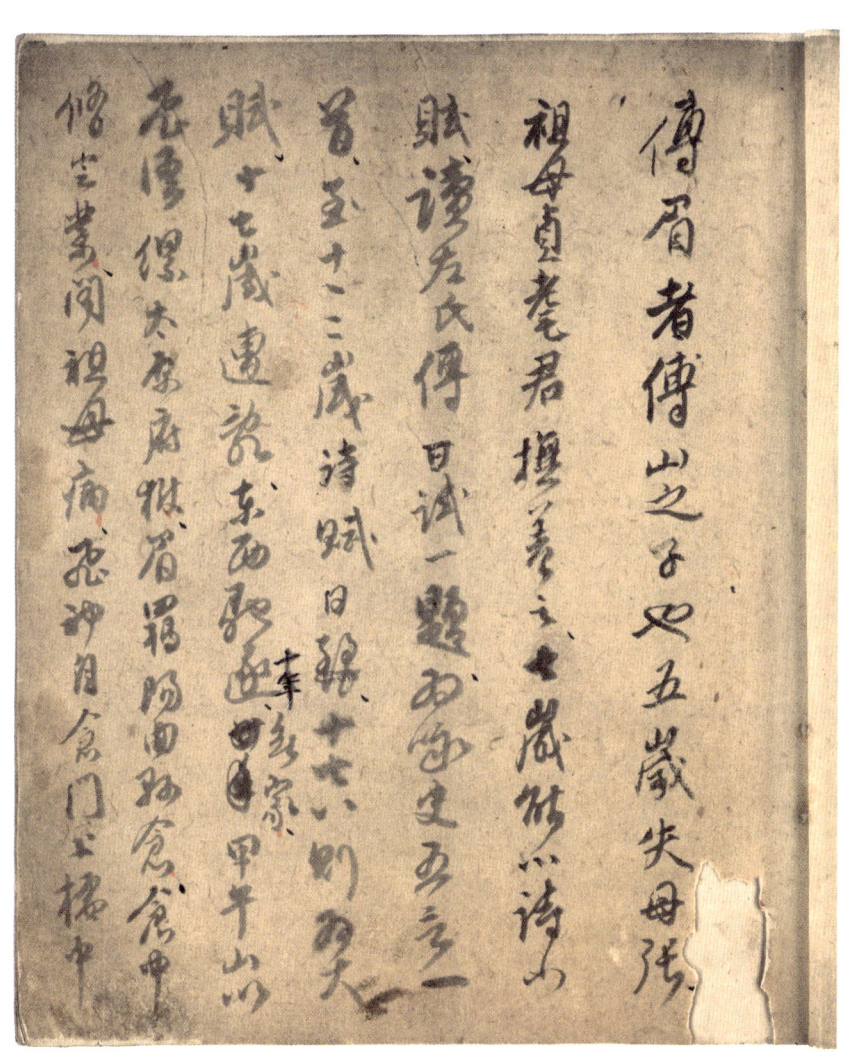

《哭子诗》册
傅山（1607—1684）
纸本
长27.5厘米，宽24.3厘米

定必死决心而不屈，绝食9日，最终得以获释。晚年，他主要从事著述，先后接待或拜访了顾炎武等一大批文人、学者，以及当时尚未仕清的朱彝尊等，实际上成为在野的思想文化界的领袖和代表之一，并在73岁的高龄绝食7日，以拒绝参加清廷为笼络汉族知识分子所举办的博学鸿词科考试，绝不在清廷为官。

傅山的一生，始终彰显着一个古代知识分子昂扬的斗争精神。在他波折多难的命运中，他将对黑暗统治的不满、对清朝的顽强反抗、对复明无望的无奈等复杂的情感融入他的学术思想中，融入他的书画创作之中。

康熙二十三年（1684）初，傅山的爱子傅眉去世，傅山悲痛异常，不久与世长辞。傅山的《哭子诗》册是傅眉去世后所作，全诗共分14首。整件作品书体变化不一，或真，或行，或草，用笔狂放洒脱，几乎难以控制。作品中有大段的涂改和墨污，映现了一代大师悲痛至极的心境，这丧子的剧痛在笔端喷薄。作品中有涨墨或水渍处，甚至让人感到，那就是傅山的泪滴。这是最真实的傅山，也是最具艺术魅力的傅山。《哭子诗》册，堪称其晚年最令人惊心动魄的作品。

（陈汾霞）